국가공인자격　한자능력검정시험의 기초를 확실히 다지는 초등 교육한자 실기훈련 프로그램

임동숙 · 서동익 편저

누구나 쉽게 하는

한자공부

8·7급

KB213755

그래그래

이 책의 구성과 특징

국가공인자격 8·7급 한자공부는 한자능력검정시험의 기초를 확실히 다지는 초등 교육 한자 실기 훈련 프로그램입니다. 총 3권으로 구성된 이 실기 훈련 프로그램은 초등학교 저학년 국어 교과서 말하기·읽기·쓰기 교과 과정에 맞춘, 국가공인자격 8·7급 한자능력검정시험 합격에 최우선 목표를 두고 있습니다.

■ 특기적성반 학습 교재로 기획된 최신판 초등 한자공부 학습서

주 5일 근무제 확산과 이에 따른 초등학교 격주 휴무제 실시에 따라 초등학생 방과후 특기적성교육이 사회적 관심이 되고 있습니다. 이 책은 바로 격주 휴무제로 공백이 생긴 초등학교 토요일 방과후 학습교재로 기획된 국가공인자격 한자능력검정시험을 대비한 최신판 한자공부 학습서입니다.

■ 방과후 수업, 학원, 특기적성반 수업 지도 선생님이 직접 쓴 책

이 책은 초등학교에서 자율적으로 실시되는 토요일 방과후 수업, 초등학생들의 특기적성교육을 보좌하는 일반 학원 수업, 특기적성 그룹지도 선생님들과 교육지도사들이 가장 염려하는 관심사를 해결하기 위해 일선 교육 현장에서 특기적성교육을 전담하는 선생님이 직접 집필한 책입니다.

■ 혼자서도 학습이 가능한 한자능력검정시험 자율 학습서

이 책은 시간적·경제적 사정으로 일반 학원이나 그룹지도를 받을 수 없는 초등학생들이 부모나 형제들의 확인을 받으며 집에서 혼자서도 국가공인자격 한자능력검정시험과 학교 공부를 먼저 예습할 수 있게 내용이 구성된 한자 학습서입니다.

■ 국가공인자격 한자능력검정시험 상세히 안내

이 책은 국가공인자격시험인 (사)한국어문회가 실시하는 한자능력검정시험 응시 요강과 학습 준비 방향을 초등학생들이 쉽게 이해할 수 있도록 문답식으로 상세히 안내해 주고 있는 책입니다.

■ 다른 책에 없는 214자 부수의 필순 · 체본 수록

이 책은 다른 초등학생용 한자 학습서에서 찾아볼 수 없는 한자의 214자 부수의 훈과 음은 물론 필순, 체본 등을 수록해 놓아 이 책으로 한자 기초공부를 한 학생은 214자 부수의 필순, 훈, 음 등을 평생 자신의 전문지식으로 활용할 수 있습니다.

■ 초등 국어 교과서 말하기 · 읽기 · 쓰기 선행학습

이 책은 초등학교 저학년 국어 교과서의 말하기, 읽기, 쓰기책에 나오는 한자어 문장과 낱말 익히기를 통해 학교에서 배우는 교과서 공부보다 먼저 배우도록 하는 선행학습을 통해 국어 과목 교과 학습에 자신감을 갖도록 내용을 구성했습니다.

■ 8급 · 7급 한자능력검정시험을 대비한 실전학습

이 책은 한자능력검정시험 8급과 7급 시험에 나온 기출문제를 살펴보며 자신의 실력을 점검하고, 부족한 부분은 8급 · 7급 시험에 나올 예상문제를 풀어보면서 국가공인자격시험에 대비할 수 있게끔 내용을 구성해 놓아 이 책으로 시험 준비를 하면 많은 학생이 합격의 영광을 안을 수 있습니다.

8·7급 한자공부

차례

먼저 한자 공부하면 어렵게 생각하시는데 그 선입감부터 버리시기 바랍니다.

한자는 뜻 글이며 표의문자이기 때문에 외우는 주입식으로는 배우기가 매우 어렵고 거부감부터 느끼게 되어 있습니다. 왜냐면 글자수가 많기 때문입니다. 그러나 이 세상 모든 것이 그 구성원리와 방법이 있듯이 한자도 그 구성원리인 육서와 부수 214자가 있으며 부수가 놓이는 위치에 따라 9가지로 구분되고 한자에 음이나 뜻에 대해 풀이해 놓은 책을 '자전', 또는 '옥편' 이라 하는데 이 책은 바로 부수에 의해 배열되었으므로 부수를 모르면 아무리 좋은 자전(옥편)이라도 볼 수가 없으며 그 가치 또한 없는 것이 되어 버립니다.

여러분! 놀 휴(休) 자가 생긴 내력을 아십니까? 이 글자는 바로 사람 인(人) 자에다 나무 목(木) 자를 합친 글자입니다.

즉, 사람이 여름철에 일하다 힘들면 나무 그늘에서 쉰다는 데서 만들어진 글자인 것입니다.

이와 같이 한자는 부수 2개 이상이 합하여 만들어져서 부수를 알면 그 한자의 뜻을 알 수 있습니다. 또 재미있게 이해하며 공부할 수 있도록 지도하기 위하여 부수 및 한자 글자마다 해석을 '이래현 선생님' 의 책을 축으로 하고, 그 보충설명은 민중서림 자전 외 여러 서적을 참고로 하여 처음 공부하는 모든 분들에게 큰 도움이 될 것으로 믿고 인천광역시 부평구 북부도서관의 협조를 얻어 발간하게 됨을 진심으로 감사하게 생각하며 앞으로 20~30년 뒤에 중국이 미국 경제를 따라잡게 되면 이 책으로 공부한 어린이들이 중국어를 배우는데 적으나마 힘이 되어 넓고 큰 중국 대륙을 누비는 큰 일꾼이 되었으면 하는 바람입니다 .

2006년 정월에

임동숙

한자의 원리와
훈·음·필순에 대한 기초 공부

漢字의 원리와
훈·음·필순에 대한 기초 공부

1. 한자의 기원

　한자는 언제, 누가, 만들어 처음 사용했는지 기록상으로는 정확히 알 수 없다. 전설에 의하면 중국 상고시대에 창힐(蒼頡)이 새나 짐승이 모래밭에 남긴 발자국을 보고 만들었다고도 하고 5,000년 전 복희씨(伏羲氏)가 천지자연 현상을 관찰하여 만든 팔괘에서 시작되었다고도 한다.

　그러나 한자는 어느 한 사람에 의해 하루 아침에 만들어진 것이 아니라 오랜 세월 동안 여러 지역에서 여러 사람에 의해 공동으로 만들어졌다고 여겨진다. 그 증거의 한 예로 갑골문에 쓰인 '人'자의 다른 모양이 76개나 된다는 사실을 들 수 있다. 인간의 지혜와 문자가 발달함에 따라 더욱 많은 문자가 필요해졌고 그에 따라 점차 새로운 글자가 만들어진 것이다.

　한자는 주로 그림과 부호에서 기원되었다. 지금 우리가 볼 수 있는 가장 오래된 한자는 1903년 은허(殷墟)에서 출토된, 즉 중국 하남성 안양현 소둔촌에서 발굴된 갑골문자이다. 약 3,000년 전 은나라는 큰 행사가 있을 때마다 거북의 등딱지(龜甲)나 짐승의 뼈(骨)로 점을 치고 그 결과를 귀갑이나 뼈에 새겨두었는데 그 문자 수는 3,500여 자로써 판독된 것이 1,800자 정도이다.

2. 한자 모양의 변천

　한자는 6,000년이라는 긴긴 역사를 거치는 동안 여러 차례 글자의 모양이 변천되었다. 갑골문자에서 시작하여 금석문자, 전서(篆書), 예서(隷書), 해서(楷書), 행서(行書), 초서

(草書) 등으로 변천되었다.

3. 한자의 전래

　한자가 우리나라에 전래된 것은 대략 2,200년 전으로 보고 있다.

　당시 중국과 빈번한 교류로 한자가 들어와 점차 보급되었음을 알 수 있다. 삼국사기에 의하면 고구려는 소수림왕 2년(서기 372년)에 태학(太學)을 세워 한자교육에 힘썼으며 백제의 왕인박사가 천자문과 논어(論語)를 일본에 전해주었다는 것으로 보아 삼국시대에는 널리 보급되었던 것으로 추측된다.

4. 한자의 구성 원리

1) 한자의 3요소(三要素)

　한자는 뜻글자(表意文字)로 글자마다 고유한 모양(形), 소리(音), 뜻(義)을 갖추고 있는데 이를 한자의 3요소라 한다.

　예 : 人(모양), 사람(뜻), 인(소리)

2) 구성 원리

　한자는 글자 모양이 복잡하게 보이나 관찰해 보면 글자들이 어떠한 원리에 의해 만들어지거나 조합되었음을 알 수 있다.

　이 원칙을 육서(六書)라고 하는데 한자를 이해하는데 있어 기본이 됨으로 한자공부하기에 앞서 반드시 익혀 두어야 할 필요가 있다.

5. 육서(六書)

1) 상형문자(象形文字) : 자연이나 물체의 모양을 본 떠서 만든 글자.

　한자 구성의 가장 기본이 되는 것으로 눈에 보이는 사물의 모양을 본떠서 만든 글자

육서의 의미

공부한 날	
월	일

를 상형문자라 한다. 한 사물의 형상을 그림으로 그려서 나타내기 때문에 일상 생활에서 사용하는데 한계가 있으며 사회 문화 발전에 따라 새롭게 표현해야 할 언어들을 모두 표현하기에는 부족한 점이 많은 단점이 있다.

　　예 : 山, 川, 木, 目, 馬, 心, 魚, 鳥

2) 지사문자(指事文字) : 추상적인 뜻을 선이나 점으로 나타낸 문자.

　　사물의 모양으로 나타낼 수 없는 개념을 점이나 선 또는 부호로써 나타낸 글자를 지사문자라 한다. 상형문자의 한계를 극복하는 방법으로 무형(無形)의 추상적인 개념을 상징적인 부호로 표시하여 여러 사람이 함께 쓰기로 약속한 글자.

　　예 : 一, 二, 三, 上, 下, 本, 未, 末

3) 회의문자(會意文字) : 두 글자 이상의 뜻만을 합하여 만든 글자.

　　이미 만들어진 두 개 이상의 글자를 합하여 새로운 한자를 만들어 쓰되 뜻으로 결합(뜻+뜻)하여 만들어진 문자를 회의문자라 한다. 회의의 개념은 한자 생성의 새로운 개념을 제시하면서 한자 발전의 한 발자국 더 앞선 출발점을 보였다. 그러나 의미와 의미가 결합해 새로운 의미를 만들어야 하고, 또 새로운 소리(발음)까지 넣어야 하는 어려움이 단점이 되었다.

　　예 : 明, 林, 位, 好, 休, 男, 集

4) 형성문자(形聲文字) : 뜻과 음이 합해진 글자.

　　뜻을 나타내는 부분과 음을 나타내는 부분으로 결합(뜻+음)하여 만들어진 글자를 형성문자라 한다. 한자의 80~90%를 이루고 있으며, 옥편의 구성도 형성문자 중심으로 편집되어 있다.

　　예 : 賀(하례 하) ➪ 뜻 : (貝) 재물　　음 : (加) 가 ➪ 하
　　　　請(청할 청) ➪ 뜻 : (言) 말씀　　음 : (靑) 청

5) 전주문자(轉注文字) : 이미 있는 글자에 다른 음과 뜻이 포함된 글자.

　　이미 있는 글자의 본래 의미로부터 유추(類推)하여 전혀 다른 음, 뜻으로 굴리고(轉), 끌어내어(注) 쓰는 글자를 전주문자라 한다. 즉, 새로운 글자를 만드는 원리가 아니라 기존의 글자를 의미 변화로 활용하는 원리이다.

예 : 樂   ① 풍류 악
      ② 즐길 락   전주된 뜻
      ③ 좋아할 요

   度   ① 법도
      ② 헤아릴 탁

降   ① 내릴 강
   ② 항복할 항

更   ① 다시 갱
   ② 고칠 경

6) 가차문자(假借文字) : 본래의 뜻과는 상관없이 비슷한 음을 빌려 쓴 글자.

   본래의 뜻과는 상관없이 그 음만 같으면 글자를 빌어쓰는 방법으로 활용하는 글자를 가차문자라 한다. 현재 우리의 생활 속에서 사용되는 외래어 표기 가운데 이 가차의 개념을 사용한 용어들이 아주 많다.

   예 : ● 亞細亞 ● 아세아(아시아)   ● 佛蘭西 ● 불란서(Frnace)
       ● 印　度 ● 인도(India)   ● 伊太利 ● 이태리(Italy)

6. 육서의 9가지 원리

1) 변 : 부수가 글자의 왼쪽에 있는 것

     ● 亻 (사람인 변) ● 仁, 仙 (어질 인, 신선 선)
     ● 彳 (두인 변) ● 往, 待 (갈 왕, 기다릴 대)
     ● 扌 (손수, 재방 변) ● 持, 指 (가질 지, 가리킬지)

2) 방 : 부수가 글자의 오른쪽에 있는 것

     ● 攵 (攴) (칠 복, 둥글월 문) ● 收, 改 (거둘 수, 고칠 개)
     ● 欠 (하품 흠) ● 次, 欲 (버금 차, 하고자할 욕)
     ● 頁 (머리 혈) ● 頭, 順 (머리 두, 순할 순)

3) 머리 : 부수가 글자의 머리에 있는 것

     ● 宀 (갓머리, 집 면) ● 安, 家 (편안할 안, 집 가)
     ● 艹 (풀 초) ⺿, ⺾ ● 花, 草 (꽃 화, 풀 초)
     ● 竹 (대 죽) ● 筆, 答 (붓 필, 대답할 답)

4) **발·다리** : 부수가 글자의 발(밑)에 있는 것

발

- 皿 (그릇 명) ⟹ 益, 盛 (더할 익, 성할 성)
- 儿 (어진사람 인) ⟹ 元, 兄 (으뜸 원, 맏 형)
- 火, 灬 (불 화, 연화 발) ⟹ 無, 然 (없을 무, 그러할 연)

5) **엄** : 부수가 글자의 머리와 왼쪽을 덮고 있는 것

엄

- 广 (엄 호) ⟹ 度, 庭 (법 도, 뜰 정)
- 尸 (주검 시) ⟹ 居, 尾 (살 거, 꼬리 미)
- 虍 (호랑이 가죽무늬 호) ⟹ 虎, 虛 (범 호, 빌 허)

6) **받침** : 부수가 글자의 왼쪽과 밑을 싸고 있는 것

받침

- 辶 (책받침, 쉬엄쉬엄갈 착) ⟹ 近, 道 (가까울 근, 길 도)
- 廴 (민책받침, 길게 걸을 인) ⟹ 建, 廷 (세울 건, 조정 정)

7) **몸** 또는 **에운담** : 부수가 글자 전체를 에워싸고 있는 것

몸

- 囗 (에워쌀 위, 입 구, 큰입 구) ⟹ 困, 因 (곤할 곤, 인할 인)
- 凵 (위 터진 입구) ⟹ 凶, 出 (흉할 흉, 날 출)
- 匸 (감출 혜) ⟹ 匹, 區 (짝 필, 구분할 구)
- 匚 (상자 방, 터진 입 구) ⟹ 匠, 匣 (장인 장, 갑 갑)
- 門 (문 문) ⟹ 間, 閑 (사이 간, 한가할 한)

8) **제부수** : 글자 자체가 부수인 것. 즉, 한자 그대로 부수인 것

- 木, 見, 金, 馬, 鳥, 行, 高

9) **위치가 다양한 부수** : 부수가 글자의 상·중·하·좌·우 내(內)로 다양하게
위치하는(부수)

- 心 : 中 ⟹ 愛, 憂 (사랑 애, 근심 우)

下   忠, 思 (충성 충, 생각 사)

左   性 (성품 성)

● □ : 上   品 (물건 품)   單 (홑 단)

中   哀 (슬플 애)   喪 (잃을 상)

下   古 (옛 고)   吾 (나 오)

左   味 (맛 미)   呼 (부를 호)

內   句 (글귀 구)   同 (한가지 동)

7. 자전(옥편)에 나오는 정체한자의 말과 글

　우리나라나 대만에서 발간되어 유통되고 있는 자전(옥편)을 펼쳐보면 대부분의 자전이 강희자전(康熙字典) 부수의 갈래와 그 순서에 따라 표제자(올림말)를 수록하고 있다. 또 글자체도 정체한자(正體漢字)를 사용하는 것을 원칙으로 하고 있고, 표제자(올림말) 배열상 정체한자의 약자나 속자를 함께 배열하여야 할 필요가 있을 때는 정체한자 옆에 괄호를 사용해 함께 배열하는 형식을 취하고 있는 것이 통례이다.

　그러나 중국에서 발행되는 자전은 이와는 많이 다르다. 이미 잘 알려진 바와 같이 중화인민공화국(약칭, 중국) 정부는 1956년 1월 간체한자 515자와 간화편방자(簡化偏旁字) 54자를 확정, 발표했다.

　또 1964년 5월에는 총 2,234자의 〈간화자총표(簡化字總表)〉를 확정, 발표한 이후 현재까지 시행해 오고 있다.

8. 현재, 중국에서 함께 쓰는 간체한자의 말과 글

　중국 정부가 간체한자를 만들어 사용하는 데는 세 가지 기준이 있다. 첫째는 필획이 17획 이상인 글자는 반드시 그 필획을 줄이며, 12획 이하의 글자는 줄이지 않되, 12~17획인 글자는 경우에 따라 처리한다. 둘째는 이미 통용되어 온 간편한 한자는 계속 사용한다. 셋째는 한자 서예법의 규칙과 특징에 맞게 간소화한다는 것이 중국 정부의 어문정책이다.

　이러한 중국 정부의 어문정책에 따라 한자어 문화권에 속해 있는 한국·중국·대만·일

정체한자의 말과 글

공부한 날
월   일

본 등은 한자어 표기에 혼란을 겪고 있는 것이 현실이다.

한국은 대만과 마찬가지로 정체한자(正體漢字)를 쓰는 것을 원칙으로 하고 있다. 필요에 따라 꼭 약자나 속자를 표기하여야 할 경우는 괄호 안에 넣어서 참고용으로만 병행하고 있다. 그러나 중국은 자국의 어문정책에 따라 옛날부터 사용해 오던 한자어 중 17획 이상인 정체한자는 반드시 그 필획을 줄여 간체한자(簡體漢字)로 바꾸어 사용하고 있다. 또 정체한자의 호칭도 번체한자(繁體漢字)라 지칭하고 있다. 또 일본은 일본대로 그들의 가나 문자에 맞게 전통적으로 전해져 오던 정체한자를 변형시켜 자기들끼리만 통하는 한자어를 만들어 사용해 오고 있다. 한자어 문화권에 속해 있으면서 정체한자 표기상의 원칙 부재로 가장 심한 혼란을 겪고 있는 한국 · 중국 · 대만 · 일본 정부 당국자는 여러 차례 이 한자어 표기에 관한 통일안을 마련하기 위해 회합을 가졌으나 아직까지 자국의 잡다한 사정에 얽매여 합의안을 만들어 내지 못하고 있는 실정이다.

9. 우리나라 초등학교 교과서에 나오는 정체한자의 말과 글

이런 사정으로 인해 우리나라는 아직까지 중국 정부가 1956년 1월부터 사용해 오고 있는 간체한자를 인정하지 않고 있다. 중국 정부가 번체한자라 일컫는 정체한자 표기를 자전 편찬이나 한자어교육정책에 원칙으로 삼고 있고, 정부 당국의 어문정책과 국어연구의 중심인 국립 국어연구원도, 또 한자능력검정시험을 주관하는 (사)한국어문회도 간체한자를 인정하지 않고 있다.

이런 사정으로 인해 우리나라 초등학교 국정교과서에 나오는 한자어에 어원을 둔 말과 글은 정체한자로 표기하는 것을 원칙으로 삼고 있다. 또 한자 교과목 수업도 특수목적교인 외국어 학교 중국어 교과서나 한자 교과서에서만 일부 간체한자를 사용하고 그 외는 모두 정체한자를 사용하는 것을 원칙으로 삼고 있다. 그러므로 한자능력검정시험을 준비하는 수험생이나 학생은 정체한자로 한자 공부를 하여야만 혼란을 피할 수 있다.

그러나 한자능력검정시험이나 고서 한문번역 외 사업이나 중국어판 도서번역을 위해 한자 공부를 하는 학생이나 일반인은 현재 중국 정부가 채택하고 있는 어문정책에 따라 간체한자 2,234자를 먼저 익힌 뒤 정체한자를 공부해야 중국어판 신문이나 도서를 읽고 번역할 수 있으며 또 중국 유학이나 여행시 간체한자로 표기된 간판이나 이정표를 읽고 해석할 수 있다는 것을 명심하고 한자 공부를 시작해야 할 것이다.

한자를 만드는 구성 부수 214자 익히기

- 구성 부수 214자의 뜻과 풀이
- 필순·체본 따라쓰기

구성 부수 훈과 음 익히기(1~6자)

1	

한 일

- 글자가 없던 옛날 막대기 하나를 놓고 그 모양을 본떠 하나 또는 하늘이나 땅의 기준이 되는 지점을 뜻하였다. (지사)
- 손가락 하나 또는 선 하나를 가로 그어 수효(一) 하나를 가리킴.
  【예】 上 (윗 상) 下 (아래 하)

2	

뚫을 곤

- 송곳 모양을 본떠서 '송곳' 또는 '뚫는다' 는 의미. (상형)
  【예】 中 (가운데 중)
- 위에서 내려그어 뚫음을 가리킨 글자.

3	

점 주

- 등잔에 불꽃 모양(촛불) 불똥의 뜻도 된다.(상형)
  【예】 主 (주인 주)
- 떨어져 나간 '불똥' 같은 물체를 나타낸 글자.

4	

삐침 별

- 가죽끈 같은 것을 보고 왼쪽으로 삐침.(상형)
  【예】 久 (오랠 구)
- 오른쪽에서 왼쪽으로 삐치면서 당기는 모양을 나타낸 글자.

5	

새(구부릴) 을

- 물 위에 떠 있는 물새 모양을 본뜬 글자. 굽은 앞가슴의 모양. (상형)
  【예】 乞 (빌 걸) 乳(젖 유)
- 새의 굽은 앞가슴 또는 초목의 새싹이 구부러져 나오는 모양.

6	

갈고리 궐

- 구부러진 갈고리 모양. (상형)
  【예】 事 (일 사) 了 (마칠 료)
- 갈고리 매달린 모양.

一 한 일	一
丨 뚫을 곤	丨
丶 점 주	丶
丿 삐침 별	丿
乙 새(구부릴) 을	乙 乙 乙 乙
亅 갈고리 궐	亅 亅 亅 亅

- 나무토막 2개를 본뜸. 위(一)는 하늘, 아래(一)는 땅의 기점. (지사)

  【예】 互 (서로 호)
- 두 손가락 또는 두 선을 그어 '둘', '거듭' 등을 가리킨 글자.

- 선(一) 위에 점(丶)을 찍어 '머리부분' 이나 '위' 를 뜻한다. (상형)

  【예】 亢 (목 항)

- 사람이 서 있는 모양. (상형).

  【예】 今 (이제 금)   休 (놀 휴)
- 사람이 다리를 내딛고 서 있는 모양을 본뜬 글자.

- 사람이 걸어가는 모양. 그래서 이 부수가 붙는 글자는 대부분 사람과 관계가 있다. (상형).
- 걸어가는 사람의 다리 모양.

  【예】 兄 (맏 형)

- 두 손의 손가락을 네 개씩 펴서 서로 등지게 하고 있는 모양으로 '등지다', '여덟', '나누다' 의 뜻이 된다. (지사)

  【예】 公 (공정할 공).

- 옛날 움집 안으로 허리를 구부리고 들어가는 모양. (상형)

  【예】 內 (안 내)
- 뾰족한 윗부분이 물체 속으로 들어갈 때 갈라진 아랫부분도 뒤따라서 '듦' 을 가리킨 글자.

二	二 二
둘 이	二 二 二

亠	亠
머리부분 두, 돼지해머리	亠 亠

人	丿 人
사람 인	人 人 人

儿	丿 儿
어진사람 인	儿 儿 儿

八	丿 八
여덟 팔	八 八 八

入	丿 入
들 입	入 入 入

13

冂

멀(성) 경

- 서울에서 멀리 떨어져 있는 성곽 모양. (상형)
  【예】册 (책 책)
- 멀리 둘러싸고 있는 나라의 경계 또는 성곽을 나타낸 글자.

14

冖

덮을 멱(민갓머리)

- 보자기로 물건을 덮어놓은 모양. (상형)
  【예】冠 (갓 관)

15

冫

얼음 빙(이수변)

- 얼음이 떨어지는 모양 또는 얼음이 처음 얼었을 때 물이 응결된 상태.
  【예】凍 (얼 동) 氷(얼음 빙)
- 얼음의 결 또는 고드름 모양을 본뜬 글자. (상형)

16

几

책상(안석)궤

- 책상 모양을 본뜬 것. (상형)
  【예】凡 (무릇 범)
- 사람이 기대앉는 상 모양을 본뜬 글자. 책, 걸상 따위의 뜻.

17

凵

입벌릴 감, 위터진입 구

- 빈 그릇 또는 입을 벌리고 있는 모양. (상형)
  【예】凶 (흉할 흉)
- 물건을 담을 수 있도록 위가 터진 그릇의 모양.

18

刀(刂)

칼 도(선 칼도방)

- 칼 모양. 이 부수가 붙으면 자르다, 찌르다, 새기다, 날카롭다의 뜻. (상형)
  【예】分 (나눌 분) 利 (날카로울 리)
- 칼 모양을 본뜬 글자, 그 쓰임은 위와 같다.

冂

ㅣ 冂

멀(성) 경

冖

덮을 멱(민갓머리)

冫

얼음 빙(이수변)

几

ㅣ 几

책상(안석)궤

凵

ㄴ 凵

입벌릴 감, 위터진입 구

刀

ㄱ 刀

칼 도, 선 칼도방

19 力 힘 력

- 무거운 물건을 한 손으로 들고 있는 모양이나 사람이 힘쓸 때 근육이 불룩해진 모양. (상형)
- 힘쓸 때 팔이나 어깨쪽에 생기는 힘살 모양.
- 【예】 努(힘쓸 노)

20 勹 쌀 포

- 사람이 앞으로 허리를 구부려 보따리 같은 것을 싸서 품고 있는 모양. (상형)
- 【예】 包 (쌀 포)
- 사람이 몸을 구부려 두 팔로 무엇을 에워싸 품고 있는 모양.

21 匕 비수비 (숟가락) (구부릴)

- 사람이 앉아서 허리를 구부리고 있는 모양. (상형)
- 【예】 北 (북녘 북)
- 밥을 먹는 숟가락이나 고기를 베는 칼 모양.

22 匚 상자 방(터진입구변)

- 네모진 상자 또는 여물통을 본뜸. (상형)
- 【예】 匣 (상자 갑)
- 통나무를 파서 만든 홈통 또는 모진 상자 모양.

23 匸(ㄴ) 숨을, 감출 혜

- 뚜껑을 덮는 상자 모양 뚜껑을 덮어 감춘다고 하여 숨었다는 뜻.
- 【예】 區 (나눌 구)
- 덮음을 나타내는(一) 글자에 숨김을 나타내는 ㄴ(숨을 은)을 받쳐 덮어 감춤을 뜻한 글자. (상형)

24 十 열 십

- '一'에서 시작하여 열에서 한 단이 끝남을 가리키는 'ㅣ'을 그어 열을 나타낸 글자.
- 다섯 손가락씩 있는 두 손을 엇갈아 열을 나타낸 글자. (상형)
- 【예】 協 (화합할 협)

力
힘 력

ㄱ 力

力 力 力

勹
쌀 포

ノ 勹

勹 勹 勹

匕
비수비 (숟가락, 구부릴)

ノ 匕

匕 匕 匕

匚
상자 방(터진입구변)

一 匚

匚 匚 匚

匸
숨을, 감출 혜

一 匸

匸 匸 匸

十
열 십

ㅣ 十

十 十 十

25 卜 점 복	● 거북이 모양을 본뜸. 고대 사람들은 거북이 등을 태워 갈라진 모양을 보고 길흉(吉凶)을 점쳤다고 함. (상형) ● 점치기 위해 거북의 등껍데기를 태울 때 나타나는 금 모양을 본떠 점에 뜻을 풀이. 【예】 占 (점칠 점)
26 㔾(卩) 병부(무릎마디) 절	● 사람이 무릎 꿇고 앉아 있는 모양. 보통 명칭은 병부절이라 하는데 옛날 천자가 관리를 임명할 때 증거로 준 신표. 즉 부절(符節)의 반절. ● 구부러진 무릎 마디의 모양. (상형) 【예】 危 (위태할 위)
27 厂 굴바위 엄(민엄호)	● 바위가 튀어나와 그 밑에 사람이 살 수 있는 굴 모양을 본뜬 글자. (상형) 【예】 厄 (재앙 액) ● 산 기슭에 바위가 옆으로 나온 모양을 본떠 굴바위 또는 언덕.
28 厶 사사로울 사, 나 새(마늘모)	● 팔꿈치를 구부려 자기를 가르키니 '나' 또는 사사롭다는 뜻. 보통 마늘모라 하나 글자를 이해하는 데는 도움이 안 된다. (상형) 【예】 去 (갈 거)
29 又 오른손 우, 또 우	● 오른손 모양을 본뜬 것이다. 오른손을 자주 쓴다 하여 또한 뜻도 된다.(상형) ※ 참고 : 손을 가리키는 자, 특히 오른손. 【예】 友 (벗 우)
30 口 입 구	● 사람의 입 모양 '말하다' 는 뜻과 '먹다' , '맛보다' 의 뜻이 포함됨. (상형) 【예】 名 (이름 명) 味 (맛 미)

ト
점 복

ㅣ ト
ト ト ト

卩
병부(무릎마디) 절

ㄱ ㄲ
卩 卩 卩

厂
굴바위 엄(민엄호)

一 厂
厂 厂 厂

厶
사사로울 사, 나 사(마늘 모)

ㄥ 厶
厶 厶 厶

又
오른손, 또 우

フ 又
又 又 又

口
입 구

ㅣ 冂 口
口 口 口

31 **口** 큰입 구(에운담위)	• 사방을 둘러싸고 있는 경계선이나 울타리 모양으로 에운담을 뜻함. 【예】 圍 (에울 위) 回 (돌 회) 國 (나라 국) • 성벽 등으로 사방을 에워싸고 있는 모습. (상형)
32 **土** 흙 토	• '一'과 '十'의 합자. 一은 땅, 十은 초목의 싹이 나는 모양으로 초목을 길러내는 흙을 뜻함. (상형) • 싹(十一屯)이 돋아나는 땅(一)을 나타내어 흙의 뜻이 된 글자. 【예】 地 (땅 지)
33 **士** 선비 사	• '十'과 '一'의 합자. 머리가 명석한 선비는 하나를 들으면 열을 깨달을 수 있다 하여 선비를 뜻한다. (회의) 【예】 吉 (길할 길)
34 **夂** 뒤쳐져올 치	• 뒷짐을 지고 발을 땅에 끌며 걸어가는 모양이나 머뭇거리며 뒤처져옴을 뜻한 글자. • 발을 가리키는 止를 거꾸로 한 글자로, 머뭇거려서 뒤처져 옴.(상형) 【예】 冬 (겨울 동)
35 **夊** 천천히걸을 쇠	• 발을 끌며 천천히 걷는 것을 뜻한다. • 뒤처져올 치와 모양과 뜻이 비슷하여 지금에 와서는 같이 쓰이고 있다. (상형) 【예】 夏 (여름 하)
36 **夕** 저녁 석	• 月(달 월)에서 한 획을 뺀 것이니 아직 밤이 되지 않은 해질무렵인 저녁을 뜻한다. (지사) • 저무는 하늘에 희게 뜬 반달 모양을 본떠 저녁을 가리킨다. 【예】 夜 (밤 야) 夢 (꿈 몽)

口	ㅣ 冂 口			
큰입 구(에운담위)	口	口	口	

土	一 十 土			
흙 토	土	土	土	

士	一 十 士			
선비 사	士	士	士	

夂	ノ ク 夂			
뒤처져올 치	夂	夂	夂	

夊	ノ ク 夊			
천천히걸을 쇠	夊	夊	夊	

夕	ノ ク 夕			
저녁 석	夕	夕	夕	

37 大 큰 대	● 사람이 양팔을 벌리고 서 있는 모습. (상형) ● 사람 인(人)은 서 있는 모양. '一'은 팔을 벌렸으니 크다, 위대하다는 뜻. 【예】 太 (클 태)
38 女 여자 녀	● 두 손을 얌전히 모으고 앉아 있는 여자의 모양을 본뜬 글자. (상형) 【예】 姑 (시어머니 고) ● 여자가 두 손을 모으고 꿇어앉아 있는 모습.
39 子 아들 자	● 양팔을 벌리고 있는 어린아이의 모양. (상형) 【예】 孝 (효도 효)
40 宀 집 면 (갓머리)	● 옛날 움집을 뜻한 자. 宀 지붕, ㅣㅣ은 두 벽. (상형) 보통 宀(갓머리)가 붙으면 집의 뜻을 나타낸다. ● 움집 위를 덮어 씌운 모양. 【예】 宅 (집 택) 宇 (집 우) 家 (집 가)
41 寸 마디, 규칙 촌	● 손(又) 끝(十)에서 맥박(、)이 뛰는 곳까지 뜻하여 마디를 뜻하며, 규칙적으로 뛰어 규칙의 뜻도 있다. (지사) ● 손목(又)에서 맥박(、)이 뛰는 데까지 나타낸 글자 【예】 封 (봉할 봉)
42 小 작을 소	● 땅속에서 싹이 겨우 돋아나는 모양. 그래서 아직 작고 어리다는 뜻. 【예】 少 (적을 소) ● 점(、) 셋으로 물건의 작은 것을 나타냄.

大	一 ナ 大
큰 대	大 大 大

女	く 女 女
여자 녀	女 女 女

子	㇖ 了 子
아들 자	子 子 子

宀	㇔ ㇔ 宀
집 면(갓머리)	宀 宀 宀

寸	一 寸 寸
마디, 규칙 촌	寸 寸 寸

小	亅 小 小
작을 소	小 小 小

구성 부수 훈과 음 익히기(43~48자)

공부한 날
월 일

43
尢
절름발이 왕

- 정강이가 굽은 절름발이 大(큰 대) 자의 변형으로 한 다리는 곧고 한 다리는 굽은 모양. (상형)

【예】 尤 (더욱 우)

44
尸
주검, 지붕 시

- 사람이 죽어 관 속에 있는 모양이니 '시체' 의 뜻이요, 관은 시체의 집이요 지붕이 된다. (상형)
- 사람이 고꾸라져 누운 모양을 본떠 주검을 뜻한 글자.

【예】 居 (살 거) 屍(시체 시)

45
屮
싹 날 / 풀 철

- 싹이 돋아나는 모양으로, 丨은 줄기, 凵은 떡잎 모양. (상형)

【예】 艸 (풀 초)

- 초목의 떡잎이 싹터 나온 모양.

46
山
메 산

- 산봉우리가 뾰족하게 솟은 모양. 이 부수가 붙으면 산과 관련된 뜻. (상형)
- 우뚝우뚝 솟은 산봉우리 모양.

【예】 奉 (산봉우리 봉)

47
川(巛)
내 천

- 냇물이 흐르는 모양. 둑(丿)과 둑(丨) 사이에 흐르는 물줄기. (상형)

【예】 州 (고을 주)

48
工
만들, 장인 공

- 목수, 장인들이 사용하는 글자 또는 공구의 모양. (상형)

【예】 左 (왼 좌)

尢 절름발이 왕	一 ナ 尢 尢 尢 尢
尸 주검, 지붕 시	⼀ ⼀ 尸 尸 尸 尸
屮 싹 날 / 풀 철	⼀ ⼀ 屮 屮 屮 屮
山 메 산	⼁ 凵 山 山 山 山
川 내 천	丿 丿丨 川 川 川 川
工 만들, 장인 공	一 丁 工 工 工 工

49 己 몸 기	● 사람이 허리를 굽히고 공손히 무릎을 꿇고 앉아 있는 모양. 그래서 몸, 자기의 뜻이 있음. (상형) 【예】己 (몸 기) 已 (이미 이) 巴 (땅이름 파) 巳 (뱀 사) ● 사람의 척추마디 모양을 나타내어 몸 또는 자기라 함.
50 巾 헝겊, 수건 건	● 나무에 수건이 걸려 있는 모양. 이 부수가 붙으면 수건, 헝겊에 관한 뜻. 【예】布 (베 포) ● 수건을 몸에 걸친 모양. (상형)
51 干 방패(막이) 간	● 고대 중국에서 사용하던 방패 모양을 본뜬 글자. 전쟁에서 쓰는 무기라는 데서 '범한다'는 뜻도 있음. (상형) ● 방패의 모양. 방패가 창이나 화살을 뚫는 것을 가리켜 '범하다'는 뜻도 있다. 【예】平 (평평할 평)
52 幺 작을(어릴) 요	● 갓 태어난 어린아이 모양. 어리다. 絲(실 사) 윗부분이라 적다는 뜻. 【예】幼 (어릴 유) ● 아기가 갓 태어난 때의 모양. 작다, 어리다의 뜻. (상형)
53 广 바위집 엄(엄 호)	● 厂(굴바위 엄)에 점을 하나 더 찍어 언덕이나 바위를 지붕으로 삼아 지은 바위집 모양. 宀는 작은 집, 广은 주로 큰 집. (상형) ● 언덕이나 바위를 지붕삼아 지은 바위집 또는 돌집의 뜻. 【예】府 (관청 부) 店 (가게 점)
54 廴 끌 인(민책받침)	● 구불구불한 길을 다리를 끌며 길게 걷는다는 뜻. (상형) 반대로 辶(뛸 착)은 빨리 뛰어감을 뜻한다. ● 발을 길게 끌며 멀리 걸어감. 【예】延 (끌 연)

공부한 날
월 일

부수	필순	체본
己 몸 기	㇆ コ 己	己 己 己
巾 헝겊, 수건 건	丨 冂 巾	巾 巾 巾
干 방패(막이) 간	一 二 干	干 干 干
幺 작을(어릴) 요	ㄥ 幺 幺	幺 幺 幺
广 바위집 엄(엄 호)	丶 亠 广	广 广 广
廴 끌 인(민책받침)	㇇ 3 廴	廴 廴 廴

55 **廾** 스물, 받쳐들 공	● 양손으로 물건을 공손히 들고 있는 모양 또는 十(열십)이 두 개 합쳐 스물이란 뜻도 있다. (상형, 지사) ● 두 손으로 받들어 올리는 모양. 맞잡다, 팔장끼다의 뜻도 있다. 【예】 弄 (희롱할 롱)
56 **弋** 화살(주살) 익	● 주살(줄을 매여 쏘는 화살)의 모양을 본뜬 글자. (상형) 矢(화살 시)는 화살 모양. ● 표지를 푯말에 덧댄 모양. 【예】 式 (법 식)
57 **弓** 활 궁	● 활의 모양을 본뜬 글자.(상형) 【예】 引 (당길 인)
58 **크(彑)** 돼지머리 계(터진가로왈)	● 돼지 머리 형상을 본뜬 글자. (상형) 【예】 錄 (기록할 록) ● 돼지 머리 또는 고슴도치 머리.
59 **彡** 터럭 삼(삐친석삼)	● 머리털이 가지런히 나 있는 모양을 본뜬 글자. (상형) 【예】 形 (형상 형) ● 머리털이 보기 좋게 자란 모양.
60 **彳** 걸을척, 두인(중인)변	● 사람이 왼발을 척 내밀며 걸어가는 모양을 본뜬 글자. (상형) 【예】 往 (갈 왕) 征 (갈 정) ● 허벅다리(丿) 정강이(丿) 발(丨)을 나타내어 자축거리다의 뜻.

廾

一 ナ 廾

廾　廾　廾

스물, 받쳐들 공

弋

一 弌 弋

弋　弋　弋

화살(주살) 익

弓

ㄱ 弓 弓

弓　弓　弓

활 궁

ヨ

ㄱ ㅋ ㅋ

ヨ　ヨ　ヨ

돼지머리 계

彡

丿 彡 彡

彡　彡　彡

터럭 삼(삐친석삼)

彳

丿 彳 彳

彳　彳　彳

걸을척, 두인중인변

| 61 心(忄,㣺) 마음 심(심방변) | ● 사람의 심장 모양을 본뜸. 옛날 사람들은 정신이 가슴에 있다고 생각했기 때문에 마음이란 뜻이 되었다. (상형)
● 마음에 바탕이 되는 것이 심장이라 생각했다. 고로 마음 심.
【예】 念 (생각 념)　恨 (원한 한)　恭 (공손할 공) |

| 62 戈 창 과 | ● 싸움터에서 쓰여진 긴 창 모양. (상형)
【예】 戒 (경계할 계)
● 날 부분이 갈라진 창 모양. |

| 63 戶 지게문 호 | ● 한쪽 문 모양. (상형)
【예】 房 (방 방)
● 외짝 문인 지게문의 모양. |

| 64 手(扌) 손 수(재방변) | ● 사람의 다섯 손가락과 손바닥 모양. 이 부수가 붙으면 만지다, 던지다, 치다, 누르다 등의 뜻이 된다. (상형)
● 손의 모양 본뜸.
【예】 打 (칠 타)　投(던질 투) |

| 65 支 지탱할 지 | ● 대나무(十) 가지를 손(又)으로 넘어지지 않도록 잡고 버틴다. (지사, 상형)
【예】 技 (재주 기)
● 대나무 가지(十)를 손(又)에 쥐고 무엇을 버틴다 하여 '지탱'. |

| 66 攴(攵) 칠 복(둥글월문) | ● 나뭇가지(卜)를 손(又)에 쥐고 후려친다 하여 '치다'는 뜻을 가지게 된 글자. (지사, 상형)
【예】 攻 (칠 공) |

구성 부수 필순과 체본 따라쓰기

공부한 날
월 일

한자	필순	따라쓰기
心 마음 심	丶 心 心 心	心 心 心
戈 창 과	一 弋 戈 戈	戈 戈 戈
户 지게문 호	丶 丿 户 户	户 户 户
手 손 수	一 二 三 手	手 手 手
支 지탱할 지	一 十 支 支	支 支 支
攴 칠 복(둥글월문)	丨 卜 攴 攴	攴 攴 攴

67 文 글월 문

- 글자의 획이 이리저리 엇갈린 모양. (상형)
  【예】 紋 (무늬 문)   紊 (어지러울 문)
- 사람의 몸에 그린 무늬 모양.

68 斗 말 두

- 되 모양에 열 십을 더해 열 되들이 말의 모양을 본뜸. 또는 자루 달린 말(十)의 형태의 두 점은 곡식을 뜻함. (상형)
- 용량을 헤아리는 말 모양.
  【예】 料 (헤아릴 료)

69 方 모 방, 사방(방법) 방

- 배 머리의 모양을 본떠 배머리가 모가 났다. '모'는 사방의 뜻. (상형)
  【예】 旅 (나그네 려)
- 쟁기의 보습이 나아가는 방향을 가리킨 글자.

70 斤 도끼(저울) 근

- 도끼의 모양을 본뜬 것으로 도끼머리, 아래의 ㅣ은 쪼갠 나무 모양. (상형)
  【예】 斥 (내려칠 척)   新 (새로울 신)

71 旡(无) 이미 기(없을 무)

- 한(一) 명의 절름발이(尢)가 이미 기권한 것. (사용 잘 안함) (회의)
【예】 既 (이미 기)
- 人(9번), 大(37번), 尢(43번) 잘 비교해서 암기 바람.

72 日 날 일

- 해의 모양을 본뜸. ○은 태양의 윤곽을 점(一) 햇빛을 뜻함.
  【예】 旦 (아침 단)   昌 (창성할 창)   昊 (하늘 호)
- 해가 지고 뜨는 것에 따라 날짜가 지나간다 하여 날 일이 됨. (상형)

文
글월 문

`、一ナ文`

文 文 文

斗
말 두

`、丶二斗`

斗 斗 斗

方
모방, 사방(방법)방

`、一亠方`

方 方 方

斤
도끼(저울) 근

`一厂斤斤`

斤 斤 斤

旡
이미 기(없을 무)

`一二牙旡`

旡 旡 旡

日
날 일

`丨冂日日`

日 日

73 曰 가로(말할) 왈	● 입 안의 혀를 본뜬 것으로 말한다는 뜻. (지사) 【예】曲 (굽을 곡) 書 (글 서) ● 입(口)에서 입김(一)이 나가면서 말이 됐다 하여 가리킨 글자.
74 月 달 월	● 달은 반달로 있는 기간이 많아 반달에 모양을 본뜸. (상형) 【예】明 (밝을 명) ※ 참고 : 달월(月)은 주로 우측에 붙고 좌측에 붙은 육달 월(月) 고기 육(肉)의 이형체.【예】肛 (항문 항) 肝 (간 간)
75 木 나무 목	● 나무의 모양 一은 나뭇가지 ㅣ은 줄기 八은 뿌리 모양. (상형) 【예】材 (재목 재) ● 땅에 뿌리를 내리고(八) 가지를(一) 뻗으며 (ㅣ)자라나는 나무 모양.
76 欠 하품 흠	● 하품을 하고 있는 모양. (상형) ※ 참고 : 하품을 하면 얼굴이 일그러진다 하여 缺(이지러질 결) 자의 약자로도 쓰임. 【예】次 (버금 차)
77 止 그칠 지	● ㅣㅏ은 발가락 一은 발바닥 모양을 본뜬 것으로 사람은 발로 서고 멈춘다하여 '그치다', '멈추다' 의 뜻이 됨. (상형) 【예】正 (바를 정)
78 歹(歺) 죽을 사, 뼈앙상할 알	● 영양실조로 뼈만 앙상하게 남은 모양을 본뜬 것으로 이렇게 되면 죽는다 하여 죽을 사가 됨. (상형) ● 살을 발라 낸 뼈 모양. 그 잔악한 형상을 죽을 사로 표현. 【예】死 (죽을 사)

日	｜ 冂 冃 日
가로(말할) 왈	日　日　日

月	｜ 刀 月 月
달 월	月　月　月

木	一 十 才 木
나무 목	木　木　木

欠	｀ ⺈ 夕 欠
하품 흠	欠　欠　欠

止	｜ ⺊ 止 止
그칠 지	止　止　止

歹	一 ⺀ 歹 歹
죽을 사, 뼈앙상할 알	歹　歹　歹

79

殳

몽둥이(칠) 수

- 둥근 막대기(几)를 손(又)에 쥐고 있는 모양. (상형)
  【예】段 (층계 단)
- 또는 책상(几)을 또(又) 후려친다고 해서 '치다'의 뜻. (지사)

80

毋

말 무

- 쪽진 어머니의 뒷모습 또는 두 손을 모아 얌전히 앉아 있는 여자의 모양으로 이렇게 정숙한 부덕을 갖춘 여자를 범해서는 안 된다는 뜻.
- 여자(女)는 못된 짓을 하나(一)도 못하게 함. 말다, 없다의 뜻이 됨.　【예】母 (어미 모) (상형)

81

比

나란히(견줄) 비

- 사람이 나란히 앉아 있는 것을 본뜬 것이니 나란하다, 견주다의 뜻. (상형)
  【예】毗 (도울 비)

82

毛

털 모

- 짐승의 꼬리털 모양을 본뜸. (상형)
  【예】毫 (잔털 호)
- 새의 깃털 모양.

83

氏

뿌리(성씨) 씨

- 人은 뿌리, 一은 씨를 본뜬 것이다. 뻗어나가던 뿌리가 지상으로 올라와 퍼진 모양을 본뜬 글자.
  【예】民 (백성 민)

84

气

기운(구름) 기

- 구름이나 수증기 또는 아지랑이의 기체가 떠돌아 다니는 모양. (상형)
  【예】氣 (기운 기)
- 수증기 모양을 본떠 구름 기운을 뜻한 글자.

구성 부수 필순과 체본 따라쓰기

공부한 날
월   일

殳 몽둥이(칠) 수

ノ 几 几 殳

毋 말 무

乚 乜 毋 毋

比 나란히(견줄) 비

一 t b 比

毛 털 모

ノ 二 三 毛

氏 뿌리(성씨) 씨

ノ 仁 斤 氏

气 기운(구름) 기

ノ 广 气 气

43

85 水 (氵,水) 물 수(삼수변)	● 물줄기가 흘러 내려가는 모습. (상형) 【예】泉 (샘 천)　泰 (클 태)　洋 (바다 양)

86 火 (灬) 불 화(연화발)	● 불길이 타오르는 모양 또는 화산이 불을 뿜는 모양. (상형) 【예】燃 (불탈 연)　然 (그러할 연)　燈 (등잔 등) ● 타오르는 불꽃 모양.

87 爪 (爫) 손톱 조	● 물건을 긁어 당기는 손톱의 형상을 본뜸. (상형) 【예】爭 (다툴 쟁), 爬 (긁을 파)

88 父 아비 부	● 攵(칠복) 변형으로 집안에 엄한 아버지가 자녀교육을 위해 회초리로 때리는 모습. (상형) 【예】釜 (가마솥 부)　爸 (아비 파)

89 爻 본받을 효	● 교차하는 표(×)를 겹쳐 '사귐'을 뜻하며 좋은 점을 본받는다는 뜻. (상형, 지사) 【예】爽 (밝을 상)

90 爿 조각, 장수 장	● 나무를 둘로 나눈 것 중 왼쪽 부분에 조각 모양 본뜸. (상형) ※ 참고 : 이 부수가 붙으면 음(音)이 거의 장이다. 【예】牀 (씩씩할 장)　狀 (문서 장, 모양 상)

水	丁 汀 水 水
물 수	水　水　水

火	、 丷 丷 少 火
불 화	火　火　火

爪	丆 爫 爪 爪
손톱 조	爪　爪　爪

父	丷 丷 夕 父
아비 부	父　父　父

爻	丿 乂 爻 爻
본받을 효	爻　爻　爻

爿	丶 亅 爿 爿
조각, 장수 장	爿　爿　爿

45

91

片

조각 편

- 나무를 둘로 나눈 것 중 오른쪽 부분의 조각 모양. (상형)
- 【예】 版 (판자 판)

92

牙

어금니 아

- 사람 어금니 또는 코끼리 어금니 모양. (상형)
- 【예】 犄 (송곳니 기)

93

牛(牜)

소 우

- 소의 머리 모양 상형 글자로 ⺀은 뿔, 一은 두 귀, ㅣ은 머리를 본뜬 것.
- ※ 주의 : 午 (낮 오)와 혼동하지 말 것. (상형)
- 【예】 牧 (칠 목) 件 (사건 건) 告 (고할 고)

94

犬(犭)

개 견(개사슴록변)

- 개가 입을 벌리고 서 있는 형상으로 점(丶)은 귀를 뜻함. (상형)
- 【예】 狗 (개 구) 吠 (짖을 폐)
- 앞발을 들고 짖어대는 개의 모양.

95

玄

검을 현

- 머리(亠) 꼭대기의 작은(幺) 것이 아득하여 검게 보임. (회의)
- 【예】 畜 (쌓을 축)
- 작은(幺)것이 공기에 가리어(亠) 그 빛이 검게 보이거나 아득함을 나타낸 글자.

96

玉(王)

구슬 옥

- 세 개(三 ← ∴)의 구슬을 끈(ㅣ)에 꿴 모양. (상형)
- ※ 참고 : 玉(구슬 옥)이 변으로 붙을 때 거의 점(丶)이 없어지는데 임금왕(王)으로 보면 안 됨.
- 【예】 球 (공 구) 珍 (보배 진)

片	ノ ノ′ ゲ 片
조각 편	片　片　片

牙	一 ⼆ 于 牙
어금니 아	牙　牙　牙

牛	ノ ⺧ ⺧ 牛
소 우	牛　牛　牛

犬	一 ナ 大 犬
개 견	犬　犬　犬

玄	丶 亠 ㄊ 玄 玄
검을 현	玄　玄　玄

玉	一 ⼆ 干 王 玉
구슬 옥	玉　玉　玉

97 瓜 오이 과

● 오이 넝쿨에 오이 열매(厶)가 열려 있는 모양. (상형)
【예】孤 (외로울 고)

98 瓦 기와 와

● 기와집에 기와가 겹쳐 있는 모양. (상형)
【예】瓷 (질그릇 자)

99 甘 달 감

● 혀(廿)에서 앞부분(丶)이 단맛을 느낀다는 뜻. (지사)
【예】某 (아무 모)
● 입안(廿一口)의 혀끝(丶)으로 단맛을 가려낸다는 뜻.

100 生 날 생

● 흙(土) 위에 싹(丿)이 나오는 모양. (상형)
【예】産 (낳을 산)
● 싹 (屮 = 싹날 철)이 땅(土)을 뚫고 돋아나는 모양.

101 用 쓸 용

● 거북이 등껍질을 본뜬 것으로 옛날에는 거북 등껍질을 도구로 썼다 하여 '쓰다' 의 뜻이 됨. (상형)

102 田 밭 전

● 밭이나 논의 모양(口)은 사방의 경계이고 十은 말뚝을 나타냄. (상형)
【예】男 (사내 남) 畓 (논 답)
● 밭과 밭 사이 사방으로 난 둑 모양.

구성 부수 필순과 체본 따라쓰기

瓜
오이 과

´ ㄏ ㎡ 瓜 瓜

瓜　瓜　瓜

瓦
기와 와

一 ㄣ ㄒ 瓦 瓦

瓦　瓦　瓦

甘
달 감

一 十 卄 甘 甘

甘　甘　甘

生
날 생

´ ㅑ 牛 生

生　生　生

用
쓸 용

丿 刀 月 月 用

用　用　用

田
밭 전

丨 冂 冃 囲 田

田　田　田

103 疋 발소(필필변)	● 다리와 무릎 발바닥의 모양. (상형) 【예】 足 (발 족) 疏 (트일 소, 틀 소) 疑 (의심할 의)
104 疒 병들 녁(병질 안)	● 침대 위에 병으로 누워 있는 모양. (상형) 【예】 病 (병 병) 疾 (병 질) ● 허리 구부린 노인 모양. (뒷짐)
105 癶 걸을 발(필발머리)	● 발을 좌우로 벌리고 걸어가는 모양. (상형) 【예】 發 (쏠 발, 떠날 발) 登 (오를 등) ● 짝발 팔자 걸음.
106 白 흰 백	● 햇빛(日) 위(ﾉ)로 비추고 있는 형태, 또는 밤의 알맹이 모양을 본떠 '희다', '깨끗하다' 의 뜻이 있다. (상형, 지사) 【예】 百 (일백 백) ● 해의 빛과 밤 알맹이가 '희다' 는 데서 만들어짐.
107 皮 가죽, 껍질 피	● 오른손(又)에 칼(ㅣ)을 쥐고 가죽(厂)을 자르는 모양을 본뜸. (상 형) 【예】 皴 (틀 준) ● 털 있는 날가죽을 뜻한 글자.
108 皿 그릇 명	● 제사 지낼 때 쓰는 제기의 모양으로 그릇을 뜻한다. (상형) 【예】 盤 (쟁반 반) ● 위가 넓고 받침이 있는 쟁반 모양.

疋

`一 丁 下 正 疋`

疋　疋　疋

발소(필필변)

疒

`丶 亠 广 疒 疒`

疒　疒　疒

병들 녁(병질 안)

癶

`丿 ㄱ ㄡ 癶 癶`

癶　癶　癶

걸을 발(필발머리)

白

`丿 亻 白 白 白`

白　白　白

흰 백

皮

`丿 厂 广 皮 皮`

皮　皮　皮

가죽, 껍질 피

皿

`丨 冂 冂 皿 皿`

皿　皿　皿

그릇 명

109

目 (罒)

눈 목

- 눈의 모양을 본뜸. (상형)
  【예】看 (볼 간)

110

矛

창 모

- 옛날 전쟁터에서 쓰던 세모진 창 모양을 본뜸. (상형)
  【예】矜 (자랑할 긍)
- 뾰족한 쇠를 긴 자루 끝에 박은 세모진 창 모양을 본뜬 글자.

111

矢

화살 시

- 편지를 화살 중간에 묶어 맨 모양.
  ※ 참고 : 弋(주살익은 화살을 줄에 맨 것) 弓(활궁은 활의 모양)
  【예】短 (짧을 단)

112

石

돌 석

- 바위(厂) 밑의 돌(口) 모양을 본뜸. (상형)
  【예】砂 (모래 사)
- 언덕(厂) 아래에 굴러 떨어진 돌맹이(口) 모양.

113

示(礻)

보일, 제단, 귀신 시

- 신(神)을 모실 때 쓰는 받침 또는 무덤 앞에 놓여 있는 제단. 제단은 귀신과 관계 있으니 귀신이요 귀신은 모든 것이 보이니 보이다 라는 뜻.
  【예】神 (귀신 신)

114

内

짐승발자국, 자귀 유

- 짐승의 발자국 모양 또는 벌레의 꾸불꾸불한 하부 모양을 본뜸. (상형)
  【예】禽 (날짐승 금)
- 구부러져(冂) 둥그렇게(厶)난 짐승의 발자국 모양.

目 눈 목

丨 冂 月 月 目

目　目　目

矛 창 모

マ 予 矛

矛　矛　矛

矢 화살 시

丿 乍 乍 矢 矢

矢　矢　矢

石 돌 석

一 ナ 丆 石 石

石　石　石

示 보일,제단,귀신 시

一 二 干 示 示

示　示　示

禸 짐승발자국, 자귀 유

丨 冂 内 内 禸

禸　禸　禸

115 禾 벼(곡식) 화	● 벼의 이삭(ノ)과 잎사귀(一)와 줄기(丨)와 뿌리(八)의 모양을 본 뜸.　【예】秋 (가을 추) ● 볏 대(木)에서 이삭이 패여 드리워진(ノ) 모양을 본떠 벼화가 됨. (상형)
116 穴 구멍(굴) 혈	● 동굴의 모양 또는 (宀)집이 오래되어 팔(八)방으로 뚫어진 구멍 의 모양. (상형) ● 집(宀)으로 삼을 수 있도록 파헤쳐진 (八)굴 구멍을 뜻한 글자. 【예】空 (빌 공)
117 立 설 립	● 사람이 서 있는 모양. (亠는 머리, ‖양다리, 一은 땅의 형상) (상 형) 【예】竝 (나란히 병) ● 땅(一)에 바로 선 사람 모양을 본뜸.
118 竹 대 죽	● 대나무의 줄기(丨)와 잎 모양을 본뜸. (상형) 【예】簡 (편지 간) ● 대 잎파리 모양.
119 米 쌀 미	● 여덟팔(八)과 열십(十)과 여덟팔(八)의 합자로 八十八의 수가 나오 는데 쌀이 되기까지 농사꾼의 손이 88번 간다 하여 된 글자.(지사) 【예】粉 (가루 분) ● 겉 껍질이 까져 나온 쌀알들 모양을 가리킨 글자.
120 糸 실 사	● 감아놓은 실타래 모양. (상형) 【예】紡 (짤 방) ● 가는 실을 감은 실타래 모양을 본뜸.

구성 부수 필순과 체본 따라쓰기

공부한 날
월   일

禾
벼(곡식) 화

′ 二 千 禾 禾

禾　禾　禾

穴
구멍(굴) 혈

′ ′ 宀 宁 穴

穴　穴　穴

立
설 립

′ 二 亠 立 立

立　立　立

竹
대 죽

′ ノ ⺮ ⺮ 竹 竹

竹　竹　竹

米
쌀 미

′ ′ 丷 半 米 米

米　米　米

糸
실 사

′ 幺 幺 幺 糸 糸

糸　糸　糸

121

缶

장군, 질그릇 부

- 배가 불룩하고 아가리가 좁고 길게 생긴 장군 모양을 본뜸. (상형)
- 【예】 缺 (이지러질 결)

122

网
(罒, 罓, 罒)

그물 망

- 양쪽 기둥(ㅣㅣ)에 그물(罒)을 얽어 맨 모양. (상형)
- 【예】 罔 (없을 망) 罪 (허물 죄)
- 그물의 벼리(冂)와 그물코(乂乂) 모양.

123

羊

양 양

- 양의 뿔, 양털(三) 머리와 몸통(丨). (상형)
- 【예】 群 (무리 군) 義 (옳을 의)
- 양의 두 뿔과 네 발 및 꼬리 등의 모양을 본뜬 글자.

124

羽

깃(날개) 우

- 새가 양쪽 날개를 펴고 서 있는 모습. (상형)
- 【예】 習 (익힐 습)
- 새의 긴 '깃', 또는 날개 모양.

125

老(耂)

늙을 노(로)

- 흙(土) 바닥에 지팡이(丿)를 의지한 꾸부러진(匕) 노인 모양. (상형)
- 【예】 考 (죽은 아버지 고, 생각할 고) 孝 (효도 효)
- 허리 굽은(匕) 늙은이(耂)가 지팡이를 짚고 있는 모양.

126

而

수염, 말이을 이

- 맨 위의 코끝(一), 인중(丿), 입 위 수염(冂), 입 아래 수염(ㅣㅣ)의 뜻.(상형) 【예】 耐 (참을 내)
- 윗수염을 본뜬 글자. 수염 사이로 말이 나온다 하여 문장을 이을 때 어조사로 쓰인다.

缶
장군, 질그릇 부

丿 ㇏ 느 午 缶 缶

缶　缶　缶

网
그물 망

丨 冂 冂 冈 冈 网

网　网　网

羊
양 양

丶 丷 ㅛ 兰 兰 羊

羊　羊　羊

羽
깃(날개) 우

ㄱ ㄱ ㄱ 习 羽 羽

羽　羽　羽

老
늙을 노(로)

一 十 土 耂 耂 老

老　老　老

而
수염, 말이을 이

一 ㄱ 厂 币 而 而

而　而　而

127	
耒 쟁기 뢰	● 삽 모양의 쇳조각(〳)을 박아 손잡이(一)를 나무로(木) 만든 쟁기의 모양. (상형) ● 잡초를 캐고 밭을 일구는 나무(木)로 된 연장의 하나인 '따비'를 뜻한다.　【예】耕 (밭갈 경)

128	
耳 귀 이	● 정면에서 본 귀의 모양. (상형) 【예】聞 (들을 문)

129	
聿 붓 율	● 오른손으로 붓을 잡은 모양. (상형) 【예】筆 (붓 필) 書 (책 서) ● 붓을 잡고 손을 놀려 글자 획을 긋는 모양을 가리킨 글자.

130	
肉(月) 고기 육(육달 월)	● 신(神)에게 바치는 썬 고기조각의 모양 또는 몸뚱이(冂) 근육 모양.(상형) ※ 참고 : 月이 좌측이나 밑에 붙을 때는 육달 월로 고기 몸. ● 근육 및 그 단면의 모양을 본떠 살 또는 몸의 일부를 뜻한 글자. 【예】肝 (간 간) 胃 (밥통 위)

131	
臣 신하 신	● 임금 앞에 머리를 조아리고 벌벌 기는 모습. (상형) 【예】臥 (누울 와) ● 임금 앞에서 몸을 꿇어 엎드린 신하의 모습.

132	
自 스스로 자	● 코의 모양 스스로 코로 숨을 쉬는 것이니 '코' 스스로는 '자기'의 뜻. (상형) 【예】息 (숨쉴 식) 臭 (냄새 취)

구성 부수 필순과 체본 따라쓰기

공부한 날
월 일

耒

쟁기 뢰

耒 耒 耒

耳

귀 이

耳 耳 耳

聿

붓 율

聿 聿 聿

肉

고기 육

肉 肉 肉

臣

신하 신

臣 臣 臣

自

스스로 자

自 自 自

133

至

이를 지

- 화살이 땅에 다다른 모양, 또는 새가 땅에 떨어진 모양. (상형)
  【예】 致 (이룰 치) 屋 (집 옥) 室 (집 실)
- 一은 땅, ム는 나는 새, 또는 화살. 새 또는 화살이 날아와 땅에 이름을 나타낸 글자.

134

臼

절구 구

- 통나무나 돌 따위를 깊게 판 절구 모양. (상형)
  【예】 兒 (아이 아) 舊 (옛 구)
- 절구에 쌀(곡식)이 (- -)든 모양을 본뜬 글자.

135

舌

혀 설

- 입구(口)에 내민 혀(千)의 모형. (상형)
  【예】 舍 (집 사)
- 입(口) 안에는 방패(干) 같은 구실을 하는 혀를 나타낸 글자.

136

舛

어그러질 천

- 夕은 왼발, 牛는 오른발의 모양으로 이리 딛고 저리 딛고 왔다 갔다 하여 어그러진다는 뜻. (상형)
- 오른발(夕ー夊) 왼발(牛)이 각각 다른 방향으로 '어거져' 있음을 나타냄.   【예】 舞 (춤출 무)

137

舟

배 주

- 배의 모양을 본뜸. (상형)
  【예】 丹 (붉을 단)
- 통나무를 파서 만든 쪽배의 모양.

138

艮

그칠, 머무를 간

- 눈(目)을 뒤로 향하고 사람이 서 있는 모양으로 머무르다 그치다의 뜻. (상형)
- 눈 알(目)을 굴리고 상체를 돌리는 데에도 한도가 있다 하여 그치다의 뜻이 된 글자.   【예】 根 (뿌리 근) 恨 (원한 한)

至
이를 지

一 丆 页 豕 至 至

至   至   至

白
절구 구

丿 亻 亻 臼 臼 白

白   白   白

舌
혀 설

一 二 千 千 舌 舌

舌   舌   舌

舛
어그러질 천

丿 丿 夕 夕 夊 舛

舛   舛   舛

舟
배 주

丿 亻 力 力 舟 舟

舟   舟   舟

艮
그칠, 머무를 간

フ コ ヨ 艮 艮 艮

艮   艮   艮

139 色 빛 색

- 감싸서 뱀처럼 여자를 어루만지는 모양. 암컷에 수컷이 붙어 있는 형상으로 발정기에는 몸에 빛이 난다 하여 빛 또는 사람의 마음 움직임이 무릎 마디가 들어맞듯이 얼굴빛이 변함.
  【예】 艴 (발끈할 불)

140 艸 (艹, 丱) 풀 초

- 떡잎이 두 개 돋아난 모양. (상형)
  【예】 苗 (모종 묘)
- 초목의 싹들(艸)이 돋아 나오는 모양에서 풀을 나타낸 글자.

141 虍 범 호

- 입을 크게 벌리고 서 있는 늙은 호랑이의 형상을 본뜸. (상형)
  【예】 虎 (범 호) 虐 (사나울 학)
- 얼룩얼룩한 줄무늬진 호랑이 가죽의 모양을 본떠 그 문채를 나타낸 글자.

142 虫 벌레 충

- 벌레 모양을 본뜸. (상형)
  【예】 蛔 (거위 회)
- 뱀이 사리고 있는 모양을 본뜬 글자로 널리 벌레의 뜻으로 쓰고 있다.

143 血 피 혈

- 고사 지낼 때 희생된 짐승의 피를 그릇에 담아놓은 모양. 그릇명(皿)에 담긴(丿) 피를 뜻함. (상형)
  【예】 衆 (무리 중)

144 行 다닐 행

- 사람들이 많이 다니는 길거리의 모양 또는 네거리 형상. (상형)
  【예】 街 (거리 가)

色
빛 색

ノ ク ヶ 名 名 色

色 色 色

艸
풀 초

ノ ｻ ｻ 屮 艸 艸

艸 艸 艸

虍
범 호

ノ 卜 卢 广 虍 虍

虍 虍 虍

虫
벌레 충

丶 ロ ロ 中 虫 虫

虫 虫 虫

血
피 혈

ノ ´ 疒 疒 血 血

血 血 血

行
다닐 행

ノ ｸ ｸ 彳 彳 行 行

行 行 行

145 衣(衤) 옷 의

- 저고리 동정과 옷고름을 동여맨 형상. (상형)
  【예】 被 (입을 피) 裳 (치마 상) 哀 (슬플 애)
- 사람들이 몸을 감싸 덮는(亠) 옷을 뜻한 글자.

146 襾 덮을 아

- 뚜껑(丨丨)으로 덮어(冂) 놓은 모양. (상형)
  【예】 覆 (엎어질 복)
- 위에서 덮고(冂) 아래에서 받친(凵) 데에 다시 뚜껑(一)으로 덮는다는 뜻.

147 見 볼 견

- 目(눈 목)과 儿(어진사람 인)의 합자로 눈으로 본다는 뜻. (회의)
  【예】 視 (볼 시)

148 角 뿔 각

- 속이 비어 있는 뿔 모양으로 굽어진 뿔(用)은 무늬를 본뜸.
  【예】 解 (풀 해)
- 짐승의 뿔 모양.

149 言 말씀 언

- 머리(亠)로 두 번(二) 생각하고 입(口)으로 말하라. (회의)
  【예】 話 (말할 화)

150 谷 골 곡

- 양쪽 산 골짜기(仌) 입구(口) 모양을 본뜸. (상형)
  【예】 谿 (시내 계)

구성 부수 필순과 체본 따라쓰기

공부한 날
월   일

衣
옷 의

` 丶 亠 ナ 亠 ナ 衣 衣`

衣　衣　衣

西
덮을 아

`一 一 一 一 一 一`

西　西　西

見
볼 견

`丨 冂 冂 月 目 目 見`

見　見　見

角
뿔 각

`丿 勹 勹 勹 角 角 角`

角　角　角

言
말씀 언

`丶 亠 亠 言 言 言 言`

言　言　言

谷
골 곡

`丿 八 八 夕 夶 谷 谷`

谷　谷　谷

구성 부수 훈과 음 익히기 (151~156자)

151 豆 콩 두	● 콩 꼬투리 모양. (상형) 【예】豊 (풍년 풍) ● 제기 모양을 본뜬 글자로 콩꼬투리 같이 생긴 그 모양에서 '콩' 의 뜻이 된 글자.
152 豕 돼지 시	● 서 있는 돼지의 모양. (一)은 등, (勿)은 네 다리, (ㄱ)은 꼬리를 나타냄. (상형) 【예】家 (집 가)
153 豸 사나운짐승, 해태 치	● 사나운 짐승이 먹이를 노리고 있는 모습 또는 해태의 모양. (상형) ● 맹수가 발을 모으고 등을 높이 세워 덤벼들려는 모습을 본뜬 글자.
154 貝 조개 패	● 조개 모양을 본뜸. 옛날에는 조개껍질을 화폐대용으로 사용하였기 때문에 이 부수가 붙으면 재물이나 돈과 관계 있는 글자. (상형) 【예】財 (재물 재) 貨 (화폐 화)
155 赤 붉을 적	● 흙(土) 바닥에서 불(火)이 타오르는 것이 붉다는 뜻. (회의) 【예】亦 (또 역) 赦 (놓을 사) ● 큰물의 타오르는 빛 앞에서 붉다는 뜻이 됨.
156 走 달아날 주	● 손을 사방(十)으로 휘저으며 발(止)을 빨리빨리 옮겨 달아난다. (회의) 【예】起 (일어날 기)

豆
콩 두

一 ㄱ ㄤ ㄤ 亘 豆 豆
豆 豆 豆

豕
돼지 시

一 ㄱ ㄐ ㄐ 豕 豕 豕
豕 豕 豕

豸
사나운짐승, 해태 치

一 ㄑ ㄑ ㄍ 豸 豸 豸
豸 豸 豸

貝
조개 패

丨 冂 冃 冃 目 貝 貝
貝 貝 貝

赤
붉을 적

一 十 土 亣 亣 赤 赤
赤 赤 赤

走
달아날 주

一 十 土 土 丰 走 走
走 走 走

157 足 발 족	● 口는 발, 止(정강이 지)는 발가락, 고로 발 모양. (상형) 【예】 跗 (발등 부) ● 허벅다리 또는 슬개골(口)에서 발가락 끝까지(止)의 모양.
158 身 몸 신	● 임신한 산모의 몸뚱이 전체의 모양. (상형) 【예】 軀 (몸 구) ● 아이 밴 여자의 불룩한 몸 모양을 본떠 몸 또는 아이 배다의 뜻이 됨.
159 車 수레 차(거)	● 고대 중국의 전차 모양으로 車에서 몸통(日) 바퀴의 축(丨) 위· 아래(二)는 바퀴. (상형) 【예】 軌 (바퀴사이 궤) 軍 (군사 군)
160 辛 고생, 매울 신	● 서서(立) 십자가(十) 같은 형틀에 묶여 있으니 죄인이요, 죄인이 고생하는 것은 매운 것과 같다는 뜻. (회의) 【예】 幸 (다행 행)
161 辰 별 진	● 조개가 입을 벌리고 움직이는 모양 또는 별 모양. (상형) 【예】 農 (농사 농) ● 조개가 껍데기를 벌려 움직이는 이른봄에 전갈좌별이 나타난다 하여 별의 뜻이 된 글자.
162 辵 뛸 착(책받침)	● 彳(끌 인)에 점 하나 더 찍어(辶) 뛴다는 뜻을 취함. (상형) 【예】 近 (가까울 근) ● 조금 걷다가 멈추곤 하며 간다 하여 쉬엄쉬엄 간다는 뜻도 있다.

足
발족

` 丶 口 口 무 무 무 足 足 `

足 足 足

身
몸신

` ´ ˊ 竹 甶 自 身 身 `

身 身 身

車
수레 차(거)

` 一 厂 厂 厅 甶 亘 車 `

車 車 車

辛
고생, 매울신

` 丶 亠 立 立 辛 辛 `

辛 辛 辛

辰
별진

` 一 厂 厂 尸 辰 辰 辰 `

辰 辰

辶
뛸 착(책받침)

` 丶 冫 辶 辶 `

辶 辶 辶

163

邑(阝)
고을 읍(우부방)

- 사방을 두루고 있는 땅인 행정구역으로 고을을 뜻함. (회의)
  【예】 郡 (고을 군)
- 일정한 경계 안에 사람들이 모여 사는 고을 또는 읍을 나타낸 글자.

164

酉
술, 닭 유

- 술을 담아 놓은 술통의 모양 또는 서쪽(西)으로 해가 지면 횃대 (一)에 오르는 닭을 뜻한 것. (상형, 회의)
  【예】 酒 (술 주) 配 (짝지울 배)

165

采
분별할(나눌) 변

- 손(丿)바닥에 쌀(米)을 잡고 질을 분별한다. (상형, 회의)
  【예】 釋 (풀 석)
- 짐승의 발자국 모양으로 그 발자국으로 짐승을 알아낸다는 데서 분별하다는 뜻이 됨.

166

里
마을 리

- 농토(田) 사이의 땅(土)에 사람이 거주함을 나타내며 널리 마을 의 뜻으로 쓰이게 된 글자.(회의)   【예】 量 (수량 량, 양 량)
- (田)+(土)의 합자로 밭이 될만한 땅이 있으면 마을이 생긴다에서 유래된 글자.

167

金
쇠 금

- 산 밑 흙 속에 묻혀 빛나는 금. (상형, 지사)
- 흙에 덮여 있는 광석 고로 금이다.
  【예】 銀 (은 은)

168

長(镸)
긴, 어른, 성장 장

- 머리가 길고 하얀 노인이 지팡이를 짚고 있는 모양. (상형) 긴 세 월을 살았다 하여 긴, 어른의 뜻과 다 성장하였다는 뜻.

邑
고을 읍(우부방)

丶 口 口 몃 뮤 뮴 邑

邑　邑　邑

酉
술, 닭 유

一 丆 币 丙 丙 酉 酉 酉

酉　酉　酉

采
분별할(나눌) 변

丿 爫 爫 罒 平 乎 采

采　采　采

里
마을 리

丨 口 曰 日 甲 甲 里

里　里　里

金
쇠 금

丿 人 仝 仝 全 全 余 金 金

金　金　金

長
긴, 어른, 성장 장

丨 厂 厂 F 토 镸 長 長

長　長　長

169 門 문 문	● 양쪽 문짝이 꽉 닫힌 모양. (상형) 【예】間 (사이 간)
170 阜(阝) 언덕 부 (좌부변)	● 흙이 쌓여 있는 모양으로 언덕을 이루고 있는 지층 모양. (상형) ● 흙이 겹겹이 쌓이고 덮쳐진 산의 단층 모양을 본뜬 글자. 【예】防 (막을 방)
171 隶 미칠 이 / 밑 이 / 잡을 이	● 오른손으로 꼬리 밑을 잡은 모양. (상형) 【예】逮 (잡을 체) ● 꼬리를 붙잡고 뒤쫓아간다는 뜻에서 '미치다' 또는 '밑'이 됨.
172 隹 새 추	● 꼬리가 짧은 새의 모양. (상형) 【예】集 (모일 집) ● 꼬리가 뭉뚱하게 짧은 새 모양.
173 雨 비 우	● 하늘(一) 밑의 구름(冂)에서 물방울이 떨어지는 모양. (상형) 【예】雲 (구름 운) 雪 (눈 설) 霜 (서리 상) ● 구름에서 물방울이 떨어지는 모양.
174 靑 푸를 청	● 초목의 생물(主一生)이 우물(丹一井) 가에서 물줄기의 힘으로 힘차게 푸르게 자람. (형성) ● 붉은(丹)계 광물인 구리 거죽에 산화작용으로 나타나는(主一生) 녹이 푸르게 변색되어 생긴 글자. 【예】 靜 (조용할 정)

門
문 문

丨 冂 冂 冃 冃 門 門 門 門

門　門　門

阜
언덕 부(좌부변)

丿 亻 宀 宀 皂 白 皀 阜

阜　阜　阜

隶
미칠 이/밑 이/잡을 이

乛 ⺕ ⺕ 聿 聿 聿 隶 隶

隶　隶　隶

隹
새 추

丿 亻 亻 亻 亻 亻 隹 隹

隹　隹　隹

雨
비 우

一 厂 厂 厅 而 雨 雨 雨

雨　雨　雨

青
푸를 청

一 十 ⺛ 主 丰 青 青 青

青　青　青

73

175 非

아닐 비

- 나는 새의 모습으로 날개가 서로 엇갈려 날아간다 하여 '어긋나다', '아니다'의 뜻.   【예】 啡 (숨소리 배)
- 새우 두 날개가 서로 반대 방향으로 펴짐을 나타내어 '어긋나다', '아니다'의 뜻이 됨.

176 面

낯 면

- 사람의 얼굴을 정면으로 본뜬 글자. 머리, 얼굴, 코의 모양. 【예】 靦 (부끄러워할 전)
- 사람의 머리(百一頁)의 앞쪽 윤곽을(囗) 나타낸 얼굴. (상형, 지사)

177 革

가죽 혁

- 짐승 가죽을 벗겨놓은 모양. 卄 머리 口 몸통 一 다리 丨 꼬리 부분을 뜻한 글자.
- 짐승의 날가죽에서 털을 뽑고 있는 모양. (상형) 【예】 靴 (신화)

178 韋

다룸가죽 위

- 손으로 가죽(口)을 당기며 발로 밟아 부드럽게 만든 가공하여 펴진 상태. (상형, 회의) 【예】 韎 (가죽 매)

179 韭

부추 구

- 부추(非)가 땅(一)에서 나와 있는 모양. (상형) 【예】 韱 (산부추 섬, 가늘 섬)
- 땅(一) 위 부추 줄기가 여러 갈래(非)로 뻗쳐 있는 모습.

180 音

소리 음

- 서서(立) 입(口)을 한번(一)씩 벌려 노래하는 소리. (회의) 【예】 韶 (풍류이름 소)

非
아닐 비

ノ ノ キ ヺ ヺ 非 非 非

非　非　非

面
낯 면

一 ア ア ゙ ア 而 而 而 面 面

面　面　面

革
가죽 혁

一 十 廿 廿 芑 昔 昔 苴 革

革　革　革

韋
다룸가죽 위

ユ 中 # 舟 舟 舟 岳 岦 韋

韋　韋　韋

韭
부추 구

ノ ノ キ ヺ ヺ 非 非 非 韭

韭　韭　韭

音
소리 음

` 一 亠 亠 立 立 音 音 音

音　音　音

181 頁 머리 혈	● 목에서부터 머리 끝까지의 모양. 一은 머리, 自은 얼굴, 八은 목. (상형) 【예】項 (목덜미 항) 頂 (꼭대기 정) (상형)

182 風 바람 풍	● 무릇 범(凡)과 벌레 충(虫)의 합자. 무릇 벌레들은 바람부는 가을 철에 처량하게 울어댄다 하여 바람을 뜻함. (회의, 형성) 【예】颱 (태풍 태)

183 飛 날비	● 새가 날아가는 모양을 본뜬 글자로 升(오를 승)과 羽(깃 우)의 합자. (상형) 【예】飜 (날 번) ● 새가 두 날개를 펴고 하늘 높이 나는 모양.

184 食 밥 식	● 사람 인(人)과 좋을 량(良)의 합자. 사람이 먹는 것을 좋아하는데 그 중에서 밥이 으뜸이다. (상형) 【예】飮 (마실 음)

185 首 머리, 우두머리 수	● 털이 난 머리(首) 모양으로 머리는 꼭 우두머리를 의미한다. 【예】馗 (거리 규) ● 머리는 사람 맨 위에 있으므로 우두머리를 뜻함.

186 香 향기 향	● 벼(禾)가 날(日)이 갈수록 익어 향기가 난다. (회의) 【예】馥 (향기 복) ● 쌀밥이 입맛을 돋구는 냄새가 난다고 하여 생긴 글자.

頁
머리 혈

一 ァ ァ 丆 芀 ㄒ 首 百 頁 頁

頁　頁　頁

風
바람 풍

丿 几 凡 凡 凨 凨 風 風 風

風　風　風

飛
날 비

乁 乁 飞 飞 飞 飞 飛 飛 飛

飛　飛　飛

食
밥 식

丿 人 今 今 今 今 食 食 食

食　食　食

首
머리, 우두머리 수

丶 丷 丷 丷 丷 首 首 首 首

首　首　首

香
향기 향

ノ 二 千 千 禾 禾 香 香 香

香　香　香

77

187 馬 말 마	● 말이 성내어 앞다리를 쳐들고 있는 모양. (상형) 【예】 馭 (부릴 어) ● 말의 머리갈기와 꼬리 네 굽 등의 모양.

188 骨 뼈 골	● 살 속에(月) 들어 있는 골격 모양을 본뜸. (상형) 【예】 骸 (뼈 해) ● 살(月) 발라내고 남은 뼈 또는 골모양.

189 高 높을 고	● 높은 누각을 본뜬 글자. 【예】 膏 (기름 고) ● 성 위에 높이 치솟은 망루의 모양.

190 髟 터럭 발, 머리늘어질 표	● 긴(長) 머리털(彡)이 예쁘게 늘어진 모양. (상형, 회의) 【예】 髮 (털 발)

191 鬥 싸움 투	● 양쪽에서 두 사람이 주먹을 쥐고 싸우는 모양 또는 칼을 들고 싸우는 모양. 【예】 鬪 (싸움 투) ● 두 사람이 주먹을 쥔 맞선 모양에서 싸우다의 뜻. (상형)

192 鬯 활집 창	● 그릇 안에 쌀을 넣어 향초와 함께 술을 빚는 모양 또는 옛날 활집통 모양. (상형) 【예】 鬱 (산앵도나무 울) (답답할 울)

馬
말 마

丨 厂 厂 厂 厈 馬 馬 馬 馬 馬

馬 馬 馬

骨
뼈 골

丨 冂 冂 冎 冎 骨 骨 骨 骨

骨 骨 骨

高
높을 고

丶 亠 亠 古 古 古 高 高 高 高

高 高 高

髟
터럭 발, 머리늘어질 표

丨 厂 厂 匡 長 長 長 髟 髟 髟

髟 髟 髟

鬥
싸움 투

丨 厂 厂 厂 鬥 鬥 鬥 鬥 鬥 鬥 鬥 鬥

鬥 鬥 鬥

鬯
활집 창

乚 凵 凵 凶 凶 凶 凶 凶 鬯 鬯

鬯 鬯 鬯

193

鬲

솥, 오지병 격

- 중앙에 무늬가 있고 다리가 세 개 달린 솥 모양. (상형)
  【예】 隔 (막을 격)
- 세 개의 다리가 굽은 큰 솥 또는 오지병의 모양.

194

鬼

귀신 귀

- 귀신의 형상을 본뜸. (상형)
  【예】 魁 (우두머리 괴)
- 죽은 사람의 영혼이 삿되게 사람을 헤치는 귀신의 뜻.

195

魚

고기 어

- 물고기의 모양을 본뜸. (상형)
  【예】 魯 (마련할 로)
- 물고기 상동.

196

鳥

새 조

- 꽁지가 긴 예쁜 숫새를 본뜸. (상형)
  【예】 鳴 (울 명)

197

鹵

소금밭 로

- 소금을 담은 예쁜 대나무 그릇 또는 소금가마니 모양. (상형)
  【예】 鹽 (소금 염)
- 중국 서쪽에서 나는 돌소금밭을 나타낸 글자.

198

鹿

사슴 록

- 뿔이 큰 숫사슴의 뿔, 머리, 꼬리 네 개의 다리(比) 모양. (상형)
  【예】 麋 (순록 미)

구성 부수 필순과 체본 따라쓰기

공부한 날
월   일

一 丆 丂 丏 鬲 鬲 鬲 鬲 鬲

鬲
솥, 오지병 격

鬲 鬲 鬲

丿 丶 宀 白 白 白 臾 鬼 鬼 鬼

鬼
귀신 귀

鬼 鬼 鬼

丿 勹 ク 勹 刍 刍 角 魚 魚 魚 魚

魚
고기 어

魚 魚 魚

丿 ㇉ ㇆ 乊 乌 乌 鳥 鳥 鳥 鳥 鳥

鳥
새 조

鳥 鳥 鳥

丶 卜 上 卢 卤 卣 卤 鹵 鹵 鹵 鹵

鹵
소금밭 로

鹵 鹵 鹵

丶 亠 广 广 庐 庐 庐 鹿 鹿 鹿 鹿

鹿
사슴 록

鹿 鹿 鹿

199 麥 보리 맥

- 보리 이삭이 패어 있는 모양. (상형)
  【예】麵 (밀가루 면)
- 보리 이삭과 뿌리 모양.

200 麻 삼 마

- 본디 (林)가 삼이었으나 움집(广)에서 삼을 기른다 하여 삼을 뜻함. (회의)
- 집(广)에서 삼실을 가짐을 뜻하여 된 글자.
  【예】麾 (대장기 휘)

201 黃 누를 황

- (廿)이십(一)일 년이 지남으로 말미암아(由) 사방팔방(八)이 누런 황무지로 변함. (상형, 회의)
- 光의 옛 자와 田을 어울러 땅의 빛깔이 누렇게 변한다는 뜻.
  【예】黈 (씩씩할 광)

202 黍 기장 서

- 벼와 같이(禾) 5곡이 들어(入)가며 물(水)기가 있는 곳에서 잘 자라는 곡식. (회의)
- 물(水)을 넣어(入) 술을 만드는데 가장 좋은 벼(禾)가 기장이라는 뜻.　【예】黏 (차질 점)

203 黑 검을 흑

- 굴뚝이 불(灬)에 의하여 검게 그을린 모양. (회의)
  【예】黔 (검을 검)

204 黹 바느질할 치

- 자수하는 여자의 모습. (상형)
  【예】黻 (수 불)
- 실을 꿴 바늘로 수놓은 모양. 수놓는다는 데서 바느질의 뜻이 나옴.

麥
보리 맥

一 十 十 扗 杰 杰 麥 夾 夾 麥 麥

麥　麥　麥

麻
삼 마

丶 亠 广 广 庁 庁 庅 庥 麻 麻

麻　麻　麻

黃
누를 황

一 十 艹 艹 苎 芒 苦 昔 昔 苗 黃 黃

黃　黃　黃

黍
기장 서

一 二 千 禾 禾 禾 禾 禾 禾 黍 黍 黍

黍　黍　黍

黑
검을 흑

丶 冂 冂 冂 四 罒 罒 甲 里 黒 黑 黑 黑

黑　黑　黑

黹
바느질할 치

丶 丨 丬 业 业 业 兴 䒑 黹 黹 黹

黹　黹　黹

205

黽

맹꽁이 맹

- 맹꽁이 모양을 본뜸. (상형)

  【예】 鼄 (거미 주)
- 큰 눈에 배가 불룩 나온 맹꽁이 모양.

206

鼎

솥 정

- 발이 셋 달린 쇠솥 모양. (상형)

  【예】 鼏 (솥뚜껑 멱)
- 세 갈래의 발이 달린 솥모양.

207

鼓

북 고

- 십(十)년 만에 콩(豆)이 풍년이 들어 북채(十) 들고 또(又) 치는 북. (회의)   【예】 鼙 (비파 비)
- 악기를 세워(壴 = 악기세울 주) 나무채(支 = 가지 지)로 치는 북을 뜻하여 된 글자.

208

鼠

쥐 서

- 쥐의 이와 몸통, 꼬리, 네 발의 모양. (상형)

  【예】 鼢 (두더지 분)
- 쥐의 이빨, 배 밑 네발, 꼬리 등을 본뜬 글자.

209

鼻

코 비

- 자기(自) 밭(田)에서 나온 곡식을 들고(廾) 코로 냄새를 맡다. (상형, 회의)

  【예】 齈 (콧물 농)

210

齊

가지런할 제

- 벼나 보리이삭이 가지런하게 패어 있는 모양을 본뜸. (상형)

  【예】 齋 (불땔 제)

黽 맹꽁이 맹	丨 丨 口 口 口 咒 咒 咒 黾 黾 黾 黽
鼎 솥 정	丨 冂 冂 月 目 目 咠 咠 鼎 鼎 鼎 鼎
鼓 북 고	一 十 士 士 吉 吉 吉 吉 壴 壴 壴 鼓 鼓
鼠 쥐 서	丶 丶 ﾉ 臼 臼 臼 臼 臼 鼠 鼠 鼠 鼠
鼻 코 비	丶 丶 冂 白 白 自 自 鳥 鳥 鳥 畠 鼻 鼻 鼻
齊 가지런할 제	丶 亠 亠 宀 亽 齐 齐 齐 斎 斎 斎 齊 齊

85

211 齒 이 치	● 그쳐(止) 있는 입 안(凵)의 윗니(乂乂)와 아랫니(乂乂)의 모양을 본뜸. (상형, 회의) ● 잇몸에 이가 아래위로 나란히 박힌(止) 모양을 나타낸 글자. 【예】 齡 (나이 령) 齦 (잇몸 은)
212 龍 용 룡	● 꾸불꾸불 서 있는 용의 몸뚱이를 본뜸. (상형) 【예】 龐 (어지러울 방) ● 머리를 치켜 세우고(立) 몸뚱이(月)를 꿈틀거리며 오르는 용.
213 龜 거북 귀	● 거북이 머리, 목, 등, 발의 모양을 본뜸. (상형) ● 거북이 등, 머리, 꼬리를 내놓고 네 발로 걸어가는 모양을 본뜬 글자.
214 龠 피리 약	● 대나무관을 나란히 묶은 모양과 피리 구멍 모양을 본뜸. (상형) 【예】 龢 (풍류조화될 화) ● 피리의 여러 구멍에서 많은 소리가 한데 합쳐 조화됨을 뜻한 글자.

문답으로 알아보는 한자능력검정시험

問❶ 한자능력검정시험의 급수는 어떻게 나뉘어져 있나요?

答❶ 한자능력검정시험의 급수는 총 11개로, 1급~8급까지의 8개와 3급Ⅱ, 4급Ⅱ, 6급Ⅱ의 3개의 급수가 있습니다. 낮은 급수부터 열거하면 8급, 7급, 6급Ⅱ, 5급, 4급Ⅱ, 4급, 3급Ⅱ, 3급, 2급, 1급으로 현재 1급이 최고 급수입니다.

➜ 87면에 계속됩니다.

齒
이 치

丨 ㅏ � 止 步 步 步 步 步 步 步 步 齒 齒

`齒 齒 齒`

龍
용 룡

`、 亠 亠 亠 产 育 育 育 育 背 背 龍 龍 龍 龍`

`龍 龍 龍`

龜
거북 귀

`龜`(순서) 龜 龜 龜 龜 龜 龜 龜 龜 龜 龜 龜 龜 龜

`龜 龜 龜`

龠
피리 약

`丿 人 亼 亼 亼 亼 亼 亼 亼 亼 亼 亼 亼 侖 侖 龠 龠`

`龠 龠 龠`

문답으로 알아보는 한자능력검정시험

 問❷ 급수와 준급수의 차이점은 무엇인가요?

 答❷ 3급Ⅱ는 3급과 4급 사이에 있는 급수로 두 급수 사이의 격차를 해소하기 위한
급수입니다. 4급Ⅱ도 마찬가지로 4급과 5급의 격차를 해소하기 위한 급수입
니다. 그러므로 3급Ⅱ와 3급 그리고 4급Ⅱ와 4급은 각각 별도의 급수입니다.

➜88면에 계속됩니다.

 문답으로 알아보는 한자능력검정시험

問❸ 각급별로 읽기와 쓰기 배정한자는 어떠한가요?

答❸ 배정한자에 대하여 자세한 것은 급수체계와 배정한자를 참고하십시오.

❖ 읽기 배정한자의 수

8급	➡ 50자				
7급	➡ 8급 50자	+ 7급	신습한자	100자 =	150자
6급II와 6급	➡ 7급 150자	+ 6급	신습한자	150자 =	300자
5급	➡ 6급 300자	+ 5급	신습한자	200자 =	500자
4급II	➡ 5급 500자	+ 4급II	신습한자	250자 =	750자
4급	➡ 4급II 750자	+ 4급	신습한자	250자 =	1,000자
3급II	➡ 4급 1,000자	+ 3급II	신습한자	500자 =	1,500자
3급	➡ 3급II 1,400자	+ 3급	신습한자	417자 =	1,817자
2급	➡ 3급 1,817자	+ 2급	신습한자	538자 =	2,355자
1급	➡ 2급 2,355자	+ 1급	신습한자	1,145자 =	3,500자

※ 각급 배정한자는 바로 전 단계 급수 배정한자에 신습(新習)한자가 더해진 것으로, 윗급수 한자는 아랫급수 한자를 모두 포함합니다.

❖ 쓰기 배정한자의 수

8급	➡ 0자
7급	➡ 0자
6급II	➡ 8급 50자
6급	➡ 7급 150자
5급	➡ 6급 300자
4급II	➡ 6급 300자 + 5급 신습한자 200자 중 100자 = 400자
4급	➡ 5급 500자
3급II	➡ 4급II 750자
3급	➡ 4급 1,000자
2급	➡ 3급 1,817자
1급	➡ 2급 2,355자 중 성명지명용 한자 350자를 제외한 2,005자

➡ 106면에 계속됩니다.

한자 능력 검정 시험
8급 배정한자 50자 익히기

- 훈과 음 익히기
- 필순 · 체본 따라쓰기

軍

군사 군

덮어(冖)서 차(車)가 보이지 않도록 위장한 군사.

- 軍機 : 군사상의 기밀.
- 軍備 : 국방상의 군사 시설.

金

쇠 금, 성 김

산(八) 밑(一) 흙(土) 속에서 빛나는 것이 금이다.

- 金冠 : 금으로 만든 왕관.
- 金石不典 : 변하지 않는 법전.

南

남녘, 남쪽 남

열(十) 명이 성(冂)을 지키고 여덟(八)명은 방패(干)를 들고 남쪽문을 지킨다는 뜻.

- 南男北女 : 남쪽은 남자가
  북쪽은 여자가
  아름답다는 뜻.

女

여자 여

두 손을 얌전히 모으고 앉아 있는 모습.

- 女工 : 여자 직공. 여성근로자.
- 女息 : 남의 딸을 높여
  부르는 말.

年

해 년

낮이(午) 숨은듯 가고 밤이 오며 이것이 반복되어 한 해가 간다.

- 年輩 : 서로 나이가 비슷한 사람.
- 年鑑 : 한해 동안 일어난 여러
  가지 일이나 기록을 모아 한 해
  에 한 번씩 내는 간행물.

大

큰, 위대할 대

사람이 양팔을 벌리고 서 있는 모양.
제부수.

- 大軍 : 많은 군사.
- 大小 : 크고 작은 것.

軍
군사 군

丶 冖 冖 冃 冒 宣 宣 軍

軍　軍　軍

金
쇠 금, 성 김

丿 人 人 今 全 全 金 金

金　金　金

南
남녘, 남쪽 남

一 十 十 内 内 南 南 南 南

南　南　南

女
여자 여

く 女 女

女　女　女

年
해 년

丿 𠂉 𠂊 生 牛 年

年　年　年

大
큰, 위대할 대

一 ナ 大

大　大　大

東
동녘 동

나무(木) 사이로 해(日)가 비치고 있으니 위치상으로 동쪽.

● 東問西答 : 물음에 대하여 당치도 않는 엉뚱한 대답을 하는 것을 이르는 말.

校
학교 교

나무(木)로 종아리도 맞고 친구도 사귀는(交) 곳.

● 校庭 : 학교 운동장.
● 校正 : 틀린 글자를 고치는 일.

教
가르칠 교

효(孝)는 백행의 근본이니 매로 쳐서 (攵) 기본을 가르친다.

● 敎育 : 지식을 넓혀주며 품성을 길러줌.
● 敎唆 : 못된 일을 하도록 남을 부추거 세움.

九
아홉 구

열(十)에서 하나를 구부리어 빼니 아홉.

● 九曲肝腸 : 굽이굽이 사무친 마음속.

國
나라 국

사방을 에워싸(口) 혹시(或)나 왜병이 쳐들어올까 지키는 것이 나라이다 .

● 國家 : 일정한 영토를 가지고 거기서 사는 사람들의 주권에 의하여 지배되는 사회집단.

六
여섯 육

짝수로서 여덟(八) 안에 들어(入)가는 수인 여섯.

● 六旬 : 예순 살.
● 六親 : 부모 형제 처자의 총칭.

8급 한자 필순과 체본 따라쓰기❷

공부한 날	
월	일

東
동녘 동

一 ㄱ ㄇ ㄓ 百 申 東 東

東　東　東

校
학교 교

一 十 ㄓ 木 ㄓ ㄓ 枋 枋 枋 校

校　校　校

敎
가르칠 교

丿 ㄨ 爻 爻 爻 孝 孝 孝 敎 敎

敎　敎　敎

九
아홉 구

丿 九

九　九　九

國
나라 국

丨 冂 冂 囗 囜 囻 國 國 國 國 國 國

國　國　國

六
여섯 육

丶 亠 六 六

六　六　六

萬
일만 만

풀(艹) 밭에서 뛰어오는 원숭이
(禺).
※ 禺 : 원숭이 우

● 萬物 : 여러 가지 물건.

母
어미 모

여자가 성장하여 젖(:)이 생겼(口)
으니 어미가 된 것이라.

● 母親 : 어머니.
● 母情 : 어머니로서 갖는 심정.

木
나무 목

나무 모양으로 줄기(丨), 가지
(一), 뿌리(八)를 나타냄.

● 木石 : 나무와 돌.
● 木人 : 나무로 만든 사람.

門
문 문

양쪽 문짝이 꽉 닫혀 있는 모양.
제부수.

● 門下 : 집단. 스승의 밑.
● 門中 : 동성동본의 가까운
　　　　친척.

民
백성 민

덮어(亠)놓은 듯 같은 여러 성씨
(氏)들이 모이고 모인 백성.

● 民福 : 국민의 복리.
● 民俗 : 민간의 풍습이나 습관.

白
흰 백

밤 알맹이 모양을 본떠 희다, 깨끗
하다를 나타냄.
제부수.

● 白粉 : 흰가루.
● 白夜 : 달이 밝은 밤.

8급 한자 필순과 체본 따라쓰기 ③

공부한 날
월 일

萬
일만 만

丨 十 卄 艹 艹 芇 芇 苜 苜 萬 萬 萬 萬

萬 萬 萬

母
어미 모

𠃋 𠃌 毌 毋 母

母 母 母

木
나무 목

一 十 才 木

木 木 木

門
문 문

丨 𠃍 尸 戶 戶 門 門 門

門 門 門

民
백성 민

乛 コ 巳 𡰪 民

民 民 民

白
흰 백

丿 亻 白 白 白

白 白 白

父 아비 부	복(攵)의 변형으로 집안의 엄한 아버지가 자녀교육을 위해 회초리로 때리는 모양. 제부수.	● 父親 : 아버지. ● 父子 : 아버지와 아들.
北 북녘 북, 달아날 배	두 사람이 등지고 앉아 있는 모습으로 싫어하여 등지고 있는 북쪽.	● 北堂 : 남의 어머니를 높여 부르는 말. ● 敗北 : 전쟁에서 져서 달아나는 것.
四 넉 사	三이 변하여 넷이 됨.	● 四骨 : 소의 네 다리. ● 四民 : 네 가지의 백성, 선비, 농민, 장인, 상인(장사치).
山 뫼 산	산봉우리가 뾰족하게 솟은 모양을 뜻한 글자.	● 山川 : 산과 내 또는 강. ● 山水 : 산과 물.
三 석 삼	一을 셋 포개어 3개의 수효를 나타낸 글자.(參)	● 三權 : 입법권, 사법권, 행정권. ● 三省 : 여러 번 반성함.
生 날 생	땅(土)에서 새싹이 나오는 모양.	● 生果 : 익지 않은 과실. ● 生男 : 아들을 낳음.

8급 한자 필순과 체본 따라쓰기 ④

공부한 날	
월	일

父	´ ハ グ 父
아비 부	父 父 父

北	ー ナ ゴ 北 北
북녘 북, 달아날 배	北 北 北

四	丨 冂 冂 四 四
넉 사	四 四 四

山	丨 屮 山
뫼 산	山 山 山

三	一 二 三
석 삼	三 三 三

生	´ ト 느 生 生
날 생	生 生 生

西	해가 지면 새는 둥지(□)로 들어 가니 그 모양을 본떠서 서쪽을 뜻 함.	● 西歐 : 서부 유럽의 여러 나라. ● 西風 : 서쪽에서 불어오는 바람.
서녘 서		

先	소(牛)와 사람이 걸어(儿)갈 때 소 가 먼저 앞장선다.	● 先見 : 어떤 일이 일어나기 전 미리 앞을 내다 봄. ● 先考 : 돌아가신 아버지.
먼저 선		

小	땅 속에서 풀싹이 겨우 돋아나오 는 모양.	● 小國 : 작은 나라. ● 小米 : 좁쌀.
작을 소		

外	점(卜)치기 위하여 저녁에(夕) 집 밖으로 나간다.	● 外家 : 어머니의 친정. ● 外面 : 거죽, 외양.
바깥 외		

水	물줄기가 흘러 내려가는 모양 또 는 여러 내(川)가 모여 강이 된다 는 뜻.	● 水球 : 물에서 운동하는 것. ● 水位 : 물 수량의 높이.
물 수		

室	집(宀)에 이르니(至) 들어가야 할 방.	● 居室 : 거처하는 방. ● 寢室 : 잠자는 방.
방, 아내 실		

西	一 一 一 一 西 西 西
서녘 서	西 西 西

先	ノ 一 一 一 一 先
먼저 선	先 先 先

小	亅 小 小
작을 소	小 小 小

外	ノ ク タ タ 列 外
바깥 외	外 外 外

水	亅 刁 水 水
물 수	水 水 水

室	丶 丶 宀 宀 宀 宝 宝 室 室
방, 아내 실	室 室 室

十 열 십	一에서 시작하여 열에서 한 단이 끝남을 가르키는 丨을 그어 열을 나타냄. 제부수.	● 十年 : 열 해, 긴 세월. ● 十善 : 열 사람의 착한 벗.
五 다섯 오	천(一)과 지(一)의 음양의 교차 (乂). 즉 오행을 뜻한다.	● 五福 : 다섯 가지 복. ● 수(壽), 부(富), 강녕(康寧), 귀(貴), 다손(多孫).
王 임금 왕	三은 天·地·人을 뜻하며 세 가지(三)를 다스리도록 하늘이 내려(丨)준 것이 임금.	● 王家 : 임금의 집안. ● 王冠 : 임금이 쓰는 관.
二 두 이	나무토막 두 개를 본뜸. 위(一)는 하늘 아래(一)는 땅의 기점을 뜻하기도 한다.	● 二姓 : 두 가지의 성. ● 二心 : 두 가지의 마음.
月 달 월	달은 반달로 있는 기간이 많아 반달의 모양을 본뜸.	● 月面 : 달의 표면, 달과 같이 생긴 아름다운 모습. ● 月波 : 달빛이 비치는 물결.
人 사람 인	사람이 서 있는 모양.	● 人馬 : 사람과 말. ● 人命 : 사람의 목숨.

8급 한자 필순과 체본 따라쓰기 ❻

공부한 날
월   일

十	丨 十
열 십	十 十 十

五	一 丆 五 五
다섯 오	五 五 五

王	一 丁 干 王
임금 왕	王 王 王

二	一 二
두 이	二 二 二

月	丿 刀 月 月
달 월	月 月 月

人	丿 人
사람 인	人 人 人

一 한 일	하늘과 땅의 기준이 되는 지점 또는 글자가 없던 옛날 막대기 한 개를 놓고 하나의 수를 표시한 것.	● 一見 : 한 번 봄. ● 一己 : 자기 한 사람.
日 날 일(해 일)	해의 모양. 해가 지면 하루가 지난다 하여 날일이 됨.	● 日月 : 해와 달. 하루와 한 달. ● 日夕 : 저녁.
長 긴, 어른 장	머리가 길고 하얀 노인이 지팡이를 짚고 있는 모양. 오래 살아 다 성장하였다는 뜻.	● 長上 : 윗 사람. ● 長孫 : 맏 손자.
弟 아우 제	머리를 땋고 활(弓)을 들고 노는 사람(人)이 아우다.	● 弟子 : 가르침을 받고 있는 사람. ● 師弟 : 스승과 제자.
中 가운데 중	나무토막(口)을 송곳(丨)으로 뚫어놓은 중앙.	● 中堅 : 단체와 사회에서 중심이 되는 사람. ● 中毒 : 음식 또는 약을 습관적으로 복용하는 것.
靑 푸를 청	초목의 생물이 우물가에서 물의 힘으로 힘차게 또는 푸르게 자라는 모습.	● 靑山 : 나무가 무성히 자란 푸른 산. ● 靑衣 : 푸른 옷.

一 한 일	一
日 날 일(해 일)	丨 冂 冂 日
長 긴, 어른 장	丨 厂 厂 丆 長 镸 镸 長
弟 아우 제	丶 丶 丷 弌 弟 弟 弟
中 가운데 중	丨 冂 口 中
靑 푸를 청	一 十 丰 圭 丰 靑 靑 靑

寸 마디, 규칙 촌	손목 끝에 맥박이 뛰는 곳까지 뜻하여 마디 맥박이 규칙적으로 뛴다 하여 규칙 촌이 됨.	● 村長 : 마을의 어른, 　　　　현재의 이장. ● 寸意 : 조그마한 마음. 뜻.
七 일곱 칠	하늘(一)의 북두칠성은 별이 일곱 개.	● 七顚八起 : 여러 번 실패해도 　　　　꺾이지 않고 다시 　　　　도전하여 일어섬.
土 흙 토	一과 十의 합자로 一은 땅, 十은 초목의 싹이 나온 모양으로 흙이 초목을 길러 낸다는 뜻.	● 土地 : 땅. ● 土木 : 땅과 나무.
八 여덟 팔	두 손의 손가락을 네 개씩 펴서 등지게 하고 있는 모양.	● 八道 : 옛날 우리나라 　　　　행정구역. ● 八方 : 동, 서, 남, 북, 남동, 　　　　북동, 서남, 서북.
兄 맏 형	입(口)으로 어진 말을 하여 타이르는 사람(儿)이 맏형의 역할이다.	● 兄弟 : 형과 아우. ● 兄夫 : 언니의 남편.
學 배울 학	절구처럼 둥글게 앉아 좋은점은 본받아 아들이 덮여 있는 무식으로부터 깨우치게 된다.	● 學問 : 지식을 배워서 익힘 ● 學窓 : 학문을 닦는 곳.

寸 마디, 규칙 촌	一 十 寸
七 일곱 칠	一 七
土 흙 토	一 十 土
八 여덟 팔	丿 八
兄 맏 형	丿 丨 口 口 尸 兄
學 배울 학	丶 ⺍ ⺍ ⺍ ⺣ ⺣ ⺣ 臼 臼 臼 臼 壆 壆 學 學 學

韓 한국, 나라 한	해가(日) 돋는 동쪽(十) 방향에 세운 위대한 한국. ※ 偉(거룩할 위)	● 韓人 : 한국사람 ● 韓方 : 중국에서 전해져 우리 　　　　나라에서 발달한 의술.
火 불 화	불길이 타오르는 모양 또는 화산이 불을 뿜는 모양.	● 火力 : 불의 힘. ● 火木 : 땔 나무.

 ## 문답으로 알아보는 한자능력검정시험

問❹ 급수별 출제기준은 어떠한가요?

答❹ 급수별 출제기준은 아래 급수별 출제기표를 참고바랍니다.

구분	1급	2급	3급	3급Ⅱ	4급	4급Ⅱ	5급	6급	6급Ⅱ	7급	8급
讀音	50	45	45	45	30	35	35	33	32	32	24
漢字 쓰기	40	30	30	30	20	20	20	20	10	0	0
訓音	32	27	27	27	22	22	23	22	29	30	24
完成型	15	10	10	10	5	5	4	3	2	2	0
反義語	10	10	10	10	3	3	3	3	2	2	0
뜻풀이	10	5	5	5	3	3	3	2	2	2	0
同音異義語	10	5	5	5	3	3	3	2	0	0	0
部首	10	5	5	5	3	3	3	2	0	0	0
同義語	10	5	5	5	3	3	3	2	0	0	0
長短音	10	5	5	5	5	3	3	0	0	0	0
略字	3	3	3	3	3	3	3	0	0	0	0
筆順	0	0	0	0	0	0	3	3	3	2	2
出題問項(計)	200	150	150	150	100	100	100	90	80	70	50

※ 출제기준표는 기본지침자료로서, 출제자의 의도에 따라 차이가 있을 수 있습니다.

➔ 107면에 계속됩니다.

韓
한국, 나라 한

一十十节节肖直卓卓'卓"韩韩韩韩韓韓韓

韓 韓 韓

火
불 화

、、丷少火

火 火 火

문답으로 알아보는 한자능력검정시험

問❺ 읽기 한자와 쓰기 한자가 나뉘어져 있는데 이것들을 따로 외워야 하나요?

答❺ 읽기 한자와 쓰기 한자가 따로 나뉘어진 것이 아니라 읽기 한자 안에 쓰기 한자가 포함되어 있습니다. 각 급수별 배정한자는 모두 읽을 줄 알아야 하고, 그 중에서 특히 쓰기 한자로 지정된 한자는 읽는 것 외에 쓸 줄도 알아야 합니다.

問❻ 5급 시험을 보려면 6급부터 봐야하나요?

答❻ 아닙니다. 본인의 실력에 맞추어 아무 급수나 선택할 수 있습니다. 반드시 하위 급수부터 단계적으로 시험을 보지 않아도 됩니다.

問❼ 4급 시험을 보려면 5급~8급까지의 한자들도 다 알아야 하나요?

答❼ 상위 급수의 배정한자는 하위 급수의 배정한자를 모두 포함하고 있습니다.
즉, 4급의 배정한자 1,000자는 4급 이하 급수(4급 II ~8급)의 한자(총 750자)가 모두 누적되어 있고, 추가로 250자의 신습(新習)한자가 더해진 것입니다

➡ 111면에 계속됩니다.

교과서에 나오는 한자어 문장과 낱말

 쓰기 교과서 한자어 낱말 익히기(1-1)

다음 밑줄친 한자의 音(음)을 바르게 써 보세요.

1. 성환이는 성희에게 ①便紙(   )를 써서 고마워하는 마음을 전하려고

합니다.

성환이가 편지를 쓰기 전에 ②整理(   )한 ③內容(   )을 살펴

봅시다.

① 便紙(   )   ② 整理(   )   ③ 內容(   )

다음 한자의 音(음)을 써 보세요.

2. ①七(   )②月(   ) ③五(   )④日(   )은

예빈이의 ⑤生日(   )입니다.

예빈이의 생일날 ⑥午後(   ) ⑦4時(   )에

⑧親舊(   )를 ⑨招待(   )하려고 합니다.

예빈이가 되어 ⑩招待(   )하는 글을 써 봅시다.

 말하기 · 듣기 교과서 한자어 낱말 익히기(1-1)

다음의 문장을 漢字(한자)로 써 보세요.

3 . (8월 23일은 동생의 생일날입니다.)

①팔(   ) ②월(   ) ③이십삼(   ) ④일(   )은

동생의 ⑤생일(   )입니다.

 읽기 교과서 한자어 낱말 익히기(1-1)

다음 밑줄친 한자의 音(음)을 써 보세요.

4 . 親舊(   )의 말을 바른 자세로 들어봅시다.

5 . 자신있게 말하려면 말끝을 흐리지 않고 分明(   )하게 말합니다.

6. 열심히 工夫(   )하여 훌륭한 科學者(   )가 되고 싶습니다.

7. '병아리 教室(   )'은 1學年(   ) 4반 옆에 있습니다.

8. 植木日(   )에 대추나무를 심었어요.

9. 어머니, 學校(   )에 다녀오겠습니다.

10. 電話(   )를 걸거나 받아본 경험이 있었나요?

11. 世上(   )에는 많은 사람이 살고 있지요. 그 中(   )에는 나와

비슷한 사람들이 많이 있답니다. 다른 質問(   )도 하여 봅시다.

다음을 보고 뜻이 맞는 한자어와 줄을 잇고 (   )안에 音(음)을 써 넣으세요.

12. 아버지   ●   ● 兄弟   (   )

13. 어머니   ●   ● 父   (   )

14. 형제   ●   ● 自   (   )

15. 나   ●   ● 母   (   )

16. 할머니   ●   ● 祖母   (   )

17. 할아버지   ●   ● 祖父   (   )

문답으로 알아보는 한자능력검정시험

問⑧ 중복 급수의 지원도 가능한가요?

答⑧ 교육목적 급수와 국가공인 급수간의 중복 지원은 가능합니다. 하지만, 교육목적 급수(4급, 4급II, 5급, 6급, 6급II, 7급, 8급) 내에서의 중복 지원과 국가공인 급수(1급, 2급, 3급, 3급II) 내에서의 중복 지원은 시험일자와 시간이 동일하므로 불가능합니다.

예) 2급과 6급은 중복 지원 가능

3급과 3급II는 중복 지원 불가능

問⑨ 교육급수와 공인급수의 구분은 어떻게 하나요?

答⑨ 공인급수는 1급, 2급, 3급, 3급II, 교육급수는 4급, 4급II, 5급, 6급, 6급II, 7급, 8급 이 해당됩니다. 공인급수가 교육급수에 비하여 상위 급수입니다.

問⑩ 공인급수와 교육급수의 차이는 무엇인가요?

答⑩ 각 급수별 차이는 배정한자 수에 차이가 있고, 공인급수와 교육급수의 차이는 다음과 같습니다. 즉 공인급수인 1~3급II는 국가공인 자격증으로서 학생생활기록부의 〈6. 자격증 및 인증 취득상황〉 난에 필수 기재 사항이며, 교육급수인 4급~8급은 민간자격증으로서 학생생활기록부의 〈13. 교과학습발달상황〉 난에 "과목과 관련된 세부능력 및 수행평가, 학습활동 참여도 및 태도 등을 특기할만한 사항이 있는 과목 및 학생에 한하여 간략하게 입력(교육인적자원부 훈령 제616호)"하도록 되어 있습니다." (하지만 학생생활기록부의 기재된 사항에 몇 점의 가산점을 부여하느냐 하는 문제는 각 학교에 따라 다를 수 있으므로 본인이 재학중인 학교에 직접 문의해 보셔야 정확히 알 수 있습니다.) 또 공인기간 중 (본회의 경우에는 2001년 1월 1일 - 2008년 2월 9일)에 취득하신 공인자격증(1급-3급II)의 경우에는 평생 공인자격증으로 인정을 받습니다.

➤ 121면에 계속됩니다.

오늘 할 공부

8급 배정한자 50자 반복학습

공부한 날

월   일

읽을 줄만 알아도 절반은 아는 것입니다. 반복하여 읽어봅시다.

軍	金	南	女	年	大	東	校
군사 군	쇠 금, 성 김	남녘 남	계집 녀	해 년	큰 대	동녘 동	학교 교
敎	九	國	六	萬	母	木	門
가르칠 교	아홉 구	나라 국	여섯 육(륙)	일만 만	어미 모	나무 목	문 문
民	白	父	北	四	山	三	生
백성 민	흰 백	아비 부	북녘 북/달아날 배	넉 사	뫼 산	석 삼	날 생
西	先	小	外	水	室	十	五
서녘 서	먼저 선	작을 소	바깥 외	물 수	방, 아내 실	열 십	다섯 오
王	二	月	人	一	日	長	弟
임금 왕	두 이	달 월	사람 인	한 일	날 일	긴, 어른 장	아우 제
中	靑	寸	七	土	八	兄	學
가운데 중	푸를 청	마디, 규칙 촌	일곱 칠	흙 토	여덟 팔	맏 형	배울 학
韓	火						
나라, 한국 한	불 화						

8급 배정한자 50자 심화학습

공부한 날
월   일

🎓 빈 칸에 訓(훈)과 音(음)을 써 봅시다.

軍	金	南	女	年	大	東	校
敎	九	國	六	萬	母	木	門
民	白	父	北	四	山	三	生
西	先	小	外	水	室	十	五
王	二	月	人	一	日	長	弟
中	靑	寸	七	土	八	兄	學
韓	火						

한자능력검정시험 실력 쌓기

 8급 시험에 나온 문제 살펴보기

다음 글을 읽고 밑줄 친 漢字語(한자어)나 漢字(한자)의 讀音(독음)을 쓰시오. (1~15)

1. 三(1)月(2) 一(3)日(4)은 삼일절입니다. 이 날은 學校(5)에 가지 않고, 집에서 門(6)에 태극기를 답니다.

2. 十(7)月 九(8)日은 한글날입니다. 한글은 세종대王(9)께서 만들었습니다. 국민(10) 모두 이날을 기념합니다.

3. 南(11)과 北(12)의 우리민족은 한 兄弟(13)입니다. 삼寸(14)은 軍(15)대에 갔습니다.

(1) 三 (   )   (2) 月(   )   (3) 一(   )

(4) 日 (   )   (5) 校(   )   (6) 門(   )

(7) 十 (   )   (8) 九(   )   (9) 王(   )

(10) 民 (   )   (11) 南(   )   (12) 北(   )

(13) 兄弟(   ) (14) 寸(   )   (15) 軍(   )

다음 漢字(한자)의 訓(훈=뜻)과 音(음=소리)을 쓰세요. (16~25)

보기   音 ➡ 소리 음

(16) 敎 ➡

(17) 金 ➡

(18) 女 ➡

(19) 東 ➡

(20) 火 ➡

(21) 韓 ➡

(22) 八 ➡

(23) 土 ➡

(24) 長 ➡

(25) 小 ➡

다음에 알맞은 漢字를 〈보기〉에서 골라 그 번호를 쓰세요. (26~35)

보기
① 萬   ② 室   ③ 西   ④ 六   ⑤ 七
⑥ 外   ⑦ 中   ⑧ 水   ⑨ 四   ⑩ 白

(26) 여섯 육 ➡

(27) 넉 사 ➡

(28) 바깥 외 ➡

(29) 가운데 중 ➡

(30) 집 실 ➡

(31) 일만 만 ➡

(32) 일곱 칠 ➡

(33) 서녘 서 ➡

(34) 흰 백 ⇨   (35) 물 수 ⇨

다음 밑줄 친 낱말 뜻에 알맞은 漢字를 〈보기〉에서 찾아 그 번호를 쓰세요. (36~40)

보기   ① 靑 ② 山 ③ 母 ④ 木 ⑤ 父 ⑥ 小

영호는 추석에 아버지(36)와 어머니(37)와 함께 산(38)에 가서 성묘를 하고, 나무(39)에 기대어 푸른(40) 하늘을 바라보았습니다.

(36) 아버지 ⇨   (37) 어머니 ⇨

(38) 산   ⇨   (39) 나무 ⇨   (40) 푸른 ⇨

아래 글의 ㉠과 ㉡의 밑줄 친 낱말에 공통으로 두루 쓰이는 漢字를 〈보기〉에서 골라 그 번호를 쓰세요. (41~43)

보기   ① 五 ② 女 ③ 學 ④ 國 ⑤ 生 ⑥ 先

(41) ㉠ 이모는 대학생입니다.
     ㉡ 내 생일은 벌써 지나갔습니다.   ⇨ (   )

(42) ㉠ 오곡밥을 먹었습니다.

⇨ (   )

　　 ㉡ 해방된 지 오십 주년이 지나갔습니다.

(43) ㉠ 국기에 대하여 경례를 하였습니다.

⇨ (   )

　　 ㉡ 우리나라는 대한민국입니다.

다음 글자들은 무슨 뜻이며 어떤 音(소리)으로 읽을까요, 〈보기〉에서 골라 그 번호를 쓰세요. (44~50)

보기	① 발　　② 해　　③ 사람　　④ 둘
	⑤ 대　　⑥ 인　　⑦ 크다　　⑧ 년

(44) 大는 (   )라는 뜻입니다.

(45) 大는 (   )라고 읽습니다.

(46) 年은 (   )라는 뜻입니다

(47) 年은 (   )이라고 읽습니다

(48) 人은 (   )이라는 뜻입니다

(49) 人은 (   )이라고 읽습니다

(50) 二는 (   )을 가리키는 글자입니다.

8급 시험 실전 예상문제 풀어보기

다음 글을 읽고 번호가 매겨진 漢字(한자)나 漢字語(한자어)의 讀音(독음)을 쓰세요. (1~15)

보기	漢字 ➡ 한자

1. 五(1)月(2)八(3)日(4)은 어버이날입니다. 이 날은 父(5)母(6)님께 꽃을 달아드립니다.

2. 十(7)月 三(8)日은 개천절입니다. 이 날은 단군王(9)검께서 나라를 세우신 날입니다. 국민(10) 모두 이 날을 기념합니다.

3. 南(11)쪽 사람과 北(12)쪽 사람은 韓(13)민족의 한 형제입니다.

4. 외삼寸(14)은 예비軍(15)입니다.

(1) 五 ➡   (2) 月 ➡   (3) 八 ➡

(4) 日 ➡   (5) 父 ➡   (6) 母 ➡

(7) 十 ➡   (8) 三 ➡   (9) 王 ➡

(10) 民 ➡   (11) 南 ➡   (12) 北 ➡

(13) 韓 ➡   (14) 寸 ➡   (15) 軍 ➡

다음 漢字(한자)의 訓(훈)과 音(음)을 쓰세요. (16~25)

보기   音 ➡ 소리 음

(16) 人 ➪   (17) 萬 ➪

(18) 女 ➪   (19) 中 ➪

(20) 火 ➪   (21) 敎 ➪

(22) 先 ➪   (23) 土 ➪

(24) 白 ➪   (25) 門 ➪

다음에 알맞은 漢字(한자)를 〈보기〉에서 골라 그 번호를 쓰세요. (26~35)

보기   ① 大   ② 外   ③ 西   ④ 六   ⑤ 金
        ⑥ 室   ⑦ 東   ⑧ 水   ⑨ 九   ⑩ 年

(26) 여섯 륙 ➪   (27) 아홉 구 ➪   (28) 바깥 외 ➪

(29) 동녘 동 ➪   (30) 집 실 ➪   (31) 쇠 금 ➪

(32) 큰 대 ➪   (33) 서녘 서 ➪   (34) 해 년 ➪

(35) 물 수 ➪

다음 밑줄 친 낱말의 뜻에 알맞은 漢字(한자)를 〈보기〉에서 찾아 그 番號(번호)를 쓰세요. (36~40)

보기   ① 靑   ② 山   ③ 兄   ④ 木   ⑤ 弟   ⑥ 小

민수는 식목일에 형(36)과 동생(아우)(37)과 함께 산(38)에 올라갔습니다. 나무(39)를 심고 푸른(40) 숲을 떠올려 보았습니다.

(36) 형 ⇨   37) 동생(아우) ⇨

(38) 산 ⇨   (39) 나무 ⇨   (40) 푸른 ⇨

아래 글의 ㉠과 ㉡의 밑줄 친 글자에 공통으로 쓰이는 漢字(한자)를 〈보기〉에서 골라 그 번호를 쓰세요. (41~43)

보기   ① 六   ② 四   ③ 校   ④ 國   ⑤ 生   ⑥ 先

(41) ㉠ 학교 생활이 즐겁습니다.
      ㉡ 선생님께서 들어오셨습니다.   ⇨ (   )
(42) ㉠ 나는 사층 집에 삽니다.
      ㉡ 사 학년이 되었습니다.   ⇨ (   )
(43) ㉠ 국립묘지에 갔습니다.
      ㉡ 우리나라는 민주 국가입니다.   ⇨ (   )

 다음 글자들은 무슨 뜻이며 어떤 소리(音)로 읽을까요. 〈보기〉에서 골라 그 번호를 써 넣으세요. (44~50)

보기

① 발　② 길다　③ 배우다　④ 학교
⑤ 소　⑥ 학　⑦ 작다　⑧ 장

(44) 小는 (　　　　)라는 뜻입니다.

(45) 小는 (　　　　)라고 읽습니다.

(46) 長은 (　　　　)라는 뜻입니다.

(47) 長은 (　　　　)이라고 읽습니다.

(48) 學은 (　　　　)이라고 읽습니다.

(49) 學은 (　　　　)라는 뜻입니다.

(50) 校는 (　　　　)를 가리키는 글자입니다.

 문답으로 알아보는 한자능력검정시험

問⓫ 원서를 접수할 때 준비물은 무엇이 필요한가요?
答⓫ 원서를 접수할 때 준비물은 다음과 같습니다.
1) 반명함판 사진 3매 (3X4cm · 무배경 · 탈모). 2) 급수증 수령 주소. 3) 응시자 주민등록번호. 4) 응시자 이름 (한글 · 한자). 5) 응시료 (현금)

➡ 122면에 계속됩니다.

한자능력검정시험 원서접수

문답으로 알아보는 한자능력검정시험

問⑫ 원서를 접수할 때는 어디로 가서 접수해야 하나요?

答⑫ 창구접수는 홈페이지(주소 : www.hangum.re.kr)에 안내된 〈한검고사장 - 고사장(접수처) 안내〉 난을 보시고, 희망하시는 고사장의 해당 접수처로 가셔서 접수를 하시면 됩니다.
선택하신 고사장의 해당 접수처 외에 다른 지역의 접수처는 이용할 수 없습니다. 시험을 보시려는 곳과 접수를 하시는 곳이 다를 경우에는 인터넷접수를 이용하시기 바랍니다.
※ 창구접수 시간은 09:00부터 18:00까지입니다. 단, 창구접수 마감 시간은 각 접수처의 근무 시간에 따라 다를 수 있습니다.

問⑬ 서울에서 접수하고 부산에서 시험을 볼 수 있나요?

答⑬ 안됩니다. 선택하신 고사장의 해당 접수처 외에 다른 지역의 접수처는 이용할 수 없습니다. 만일, 시험을 보시려는 곳과 접수를 하는 곳이 다를 경우에는 인터넷접수를 이용하시기 바랍니다.

問⑭ 대리 접수도 가능한가요?

答⑭ 네, 대리 접수도 가능합니다. 단, 대리인이 원서를 작성할 경우, 응시자의 합격증 수령 주소, 주민등록번호, 한자 이름 등을 잘못 기재하여 문제가 발생하는 경우가 많으니 각별히 주의를 기울여 주시기 바랍니다.

問⑮ 인터넷접수도 할 수 있나요?

答⑮ 본회 시험 전급수 모두 인터넷 접수가 가능합니다. 인터넷접수는 방문접수의 복잡함과 번거로움을 피할 수 있어 편리합니다. 인터넷접수를 하시려면 먼저 인터넷접수 사이트(www.hangum.re.kr)에 회원가입을 하시고, 접수기간에 접수를 하시면 됩니다.

오늘 할 공부

공부한 날
월   일

➤ 156면에 계속됩니다.

한자 능력 검정 시험 7급 배정한자 100자 익히기

- 훈과 음 익히기
- 필순·체본 따라쓰기

家 집 가	집(宀)과 돼지(豕)로 이루어진 글자. 돼지는 새끼를 많이 낳으므로 식구가 늘어나면 집이 필요하다는 데서 생김.	● 家內 : 집안. 가정의 안. ● 家屋 : 살고 있는 집. 거쳐하는 곳.
歌 노래 가	노래를 하거나 하품(欠)을 할 때 입을 크게 벌리는 모습을 본떠서 노래하다의 뜻이 됨.	● 歌曲 : 노래와 곡조. ● 歌手 : 노래부르는 것을 직업으로 삼는 사람.
間 사이, 틈 간	문틈으로(門) 햇빛(日)이 새어들어 온 형상을 본떠서 사이, 틈이 된 글자.	● 間食 : 정해진 식사 중간에 먹는 음식. ● 時間 : 시각과 시각의 사이. 어떤 행동의 틈.
江 강 강	물(水)살이 돌을 깎는 장인(工)처럼 땅을 깎아내려 큰 강을 만들었다고 해서 만들어진 글자.	● 江北 : 강의 북쪽. ● 江山 : 강과 산.
車 수레 거(차)	수레바퀴의 모양을 본떠서 만든 글자.	● 車庫 : 차를 주차시키는 곳. ● 車道 : 차가 다니는 길.
工 장인 공	목수가 쓰는 도구자를 본떠서 만든 글자. 고로 만들다의 뜻.	● 工夫 : 학문이나 기술을 배우고 익히는 것. ● 工事 : 토목, 건축 등의 작업.

家	` ` 宀 宀 宁 宁 宇 宇 家 家 家
집 가	家 家 家

歌	一 ㄒ 가 가 可 可 哥 哥 哥 哥 哥 歌 歌 歌
노래 가	歌 歌 歌

間	丨 ㄈ ㄈ ㄈ ㄈ ㄈ 門 門 門 門 間 間 間
사이, 틈 간	間 間 間

江	` ` 氵 氵 氵 江 江
강 강	江 江 江

車	一 ㄷ ㄷ ㄷ 百 亘 車
수레 거(차)	車 車 車

工	一 丁 工
장인 공	工 工 工

空 빌, 하늘 공	땅을 장인(工)이 파면 굴(穴)이 생기는데 그 굴이 텅 비어 있다 하여 공이라고도 함.	● 空間 : 비어 있는 부분. ● 空氣 : 대기에 떠도는 무색 투명한 기체.
口 입 구	사람이 말할 때 입이 벌어지는 모습을 본떠서 만든 글자.	● 口文 : 흥정을 붙여주고 그 보수로 받는 돈. ● 入口 : 들어가는 어귀.
氣 기운, 날씨 기	밥을 지을 때 쌀(米)이 익어서 김(气)이 모락모락나는 현상 또는 습기가 증발하는 모습을 보고 날씨의 뜻도 포함.	● 氣力 : 사람이 몸으로 활동할 수 있는 힘. ● 日氣 : 날씨.
記 기록, 기억 기	말(言) 중에 몸(己)이 되는 주요한 것은 기록해야 기억할 수 있다.	● 記名 : 성명을 기록하는 일. ● 日記 : 날마다 겪은 일을 적는 것.
旗 기, 깃발 기	사람(人)이 들고 있는 그(其) 기는 바람 방향(方)에 따라 반대 방향으로 펄럭거린다.	● 旗手 : 신호를 깃발로 하여 전하는 사람. ● 校旗 : 학교를 상징하는 기.
男 사내 남	밭(田)에 나가 힘든 일(力)을 하는 것을 본떠 만든 글자.	● 男便 : 장가들어 여자의 짝이 되는 남자. ● 男女 : 남자와 여자.

空	⺮ ⺮ ⺮ 宀 空 空 空 空
빌, 하늘 공	空 空 空

口	⺼ ⼝ 口
입 구	口 口 口

氣	⺮ ⺮ ⺮ 气 气 气 气 氣 氣 氣
기운, 날씨 기	氣 氣 氣

記	⺼ ⺼ ⺼ ⺼ 言 言 言 記 記 記
기록, 기억 기	記 記 記

旗	⺼ ⺼ 方 方 方 方 旂 旂 旂 旗 旗 旗
기, 깃발 기	旗 旗 旗

男	⺼ ⼝ 口 田 田 田 男 男
사내 남	男 男 男

內 안 내	성(冂)에서 망루 쪽으로 사람(人)이 올라오는 모양.	● 內外 : 안과 밖, 안팎. ● 市內 : 도시의 안, 　　　　시의 구역 안.
農 농사 농	구부려(曲) 일하는 농부는 새벽 별(辰)볼 때까지 일한다는 뜻.	● 農民 : 농사에 종사하는 백성, 　　　　농부, 농군. ● 農村 : 농업에 종사하는 　　　　지역이나 마을.
答 대답할 답	종이가 발명되기 전 대나무(竹) 쪽을 여러개 합(合)하여 엮어 종이 대신으로 사용하였으며 답장 쓰는 데에 이용됨.	● 答狀 : 회답하는 편지. ● 問答 : 물음과 대답.
道 길, 법 도	으뜸(首)으로 살고 가야(辶)할 도리를 뜻하여 도리 또는 인간이 살아가는 길이다 하여 길.	● 道理 : 사람이 마땅히 행하여야 　　　　할 바른길. ● 方道 : 일을 해나 갈 방법과 　　　　도리.
同 한가지, 같을 동	먼(冂) 데서 온 한 사람(一) 한 사람이 모여 그들의 입(口)에서 한 가지 의견이 일치되었다 하여 생긴 글자.	● 同生 : 같은 항렬에서 태어난 　　　　아우. ● 一同 : 단체나 모임 따위의 　　　　사람 모두를 말함.
冬 겨울 동	뒤처져서 서서히(夂) 얼음(冫)과 함께 오는 계절.	● 春夏秋冬 : 봄, 여름, 가을, 　　　　겨울. ● 立冬 : 24절기의 19번째 　　　　11월 7, 8일경.

内 안 내	丨 冂 内 内 内 内 内
農 농사 농	丶 冂 曲 曲 曲 曲 曲 農 農 農 農 農 農 農 農 農
答 대답할 답	丿 ㇒ 卞 午 竹 竹 竺 笏 笏 笍 答 答 答 答 答
道 길,법 도	丶 丷 䒑 䒑 产 首 首 首 首 首 渞 道 道 道 道 道
同 한가지, 같을 동	丨 冂 冂 同 同 同 同 同 同
冬 겨울 동	丿 ㇀ 夂 冬 冬 冬 冬 冬

洞 미을동, 꿰뚫을통	물(氵)이 흐르는 곳에 함께(同) 모여서 산다는 뜻.	● 洞內 : 동네 안. ● 洞民 : 한 동네 사는 사람.
動 움직일, 동물동	아무리 무거운(重) 것이라도 힘(力)을 들이면 움직이게 할 수 있다는 뜻에서 만들어짐.	● 動力 : 어떤 일을 발전시키고 밀고 나가는 힘. ● 動物 : 생물의 2대 구분.
登 오를, 나갈등	산중에 있는 밭에 콩(豆)을 거두기 위해 올라가고(癶) 있다.	● 登校 : 학교에 가는 것. ● 登山 : 산에 오르는 것 .
來 올 래(내)	나무(木)는 나무인데 먹을 곡식이 다 떨어진 5월에 오는 보리라 모든 사람들이(人人) 애타게 기다린다의 뜻.	● 來年 : 다음 해. 명년. ● 來日 : 오늘의 바로 다음 날.
力 힘 력	구부러진 팔의 형상. 팔을 굽힘으로써 힘(力)이 강열함을 나타냄.	● 力道 : 양손을 들어올려 그 중량을 다투는 경기. ● 有力 : 힘이 나서 세력이 있음.
老 늙을 노(로)	머리 하얀 노인이 땅(土)에 지팡이(丿)를 짚고 허리 꾸부리고 서 있는 모양.	● 老年 : 나이가 들어 늙은 때. ● 老少 : 늙은이와 젊은이.

洞	` ` 氵 氵 汈 泂 洞 洞 洞
마을동, 꿰뚫을통	洞 洞 洞

動	´ ̄ ̄ ̄ 台 台 台 重 重 重 動 動
움직일, 동물동	動 動 動

登	´ ̄ ̄ ̄ ̄ ̄ ̄ 癶 癶 癶 凳 登 登 登
오를, 나갈등	登 登 登

來	̄ ̄ ̄ ̄ ̄ ̄ 夾 來 來
올 래(내)	來 來 來

力	フ 力
힘 력	力 力 力

老	̄ ̄ ̄ 土 耂 老 老
늙을 노(로)	老 老 老

131

里 마을 리(이)	이 땅에(土) 논과 밭(田)이 있으니 사람이 모여 마을이 되었다.	● 里長 : 마을 일을 맡아 보는 사람. ● 洞里 : 마을, 동, 리.
林 수풀, 빽빽할 림(임)	나무(木)와 나무(木)가 겹쳐 있으니 숲이 빽빽하고 울창하다 해서 나온 글자.	● 山林 : 산과 숲. ● 育林 : 나무를 심고 기르는 일.
立 설 립(입)	제부수. 사람이 서 있는 모습.	● 立春 : 24절기의 첫째 (양력 2월 4일경). ● 自立 : 남의 힘을 빌리지 않고 스스로 서는 것.
每 매양, 늘 매	사람(人)은 누구나 어머니(母) 사랑을 늘 받고 산다.	● 每年 : 해마다. 매해. ● 每事 : 하나 하나의 모든 일.
面 낮, 얼굴 면	사람의 얼굴을 정면에서 본 모양. 제부수.	● 面相 : 얼굴의 생김새, 용모. ● 海面 : 바닷물의 표면.
名 이름 명	깜깜해지는 저녁(夕)이 되면 얼굴 모습을 볼 수가 없어 입(口)을 통해 서로 이름을 불러 알 수 있다는 데서 나온 글자.	● 姓名 : 성과 이름. ● 有名 : 이름이 널리 알려져 있음.

里	ㅣ ㄇ ㅁ 日 甲 里 里
마을 리(이)	里　里　里

林	一 十 才 才 木 朴 材 林
수풀, 빽빽할 림(임)	林　林　林

立	丶 一 ᅩ ㅜ 立
설 립(입)	立　立　立

每	ノ 乞 仁 每 每 每 每
매양, 늘 매	每　每　每

面	一 厂 丆 币 而 而 面 面 面
낯, 얼굴 면	面　面　面

名	ノ ク タ 夕 名 名
이름 명	名　名　名

命 목숨 명	집합(合)시켜 무릎(卪) 꿇여 놓고 명령한다. 명령을 목숨처럼 여긴다.	● 生命 : 살이 있는 목숨. ● 人命在天 : 목숨의 길고 짧음은 하늘에 달려 있다.
文 글월 문	턱 아래 서로 엇갈려 있는 단정한 옷깃과 같이 글월이나 문서 따위를 잘 정리한다는 데서 생긴 글자.	● 文人 : 작가, 시인처럼 문필업에 종사하는 사람. ● 文學 : 사상, 감정을 상상력에 의해 언어로 표현한 예술.
問 물을, 방문 문	남의 집을 방문시 먼저 대문(門) 앞에서 입(口)을 열어 누구네 집이냐고 묻는데서 생김.	● 問答 : 물음과 대답. ● 問安 : 웃어른께 안부를 묻는 것.
物 물건, 만물 물	소(牛)는 농사에 있어 없어서는 안 될 물건(勿)이라는 데서 생긴 글자.	● 動物 : 생물의 2대 구분 중 하나. ● 人物 : 어떤 역할을 하는 사람.
方 모 방	배 머리의 모양을 본떠 배머리는 모가 났다 하여 '모', '사방' 의 뜻이 됨.	● 四方 : 동, 서, 남, 북 네 방위. ● 地方 : 서울 이외의 지역.
百 일백, 많을 백	사람이 백 살에 가까워지게 되면 머리가 하얗게(白) 되고 하나(一)에서 백까지는 많다 하여 많다는 뜻.	● 百事 : 여러 가지 일, 萬事. ● 一當百 : 혼자서 백 사람을 상대한다는 뜻. 매우 용감하고 능력 있음.

7급 한자 필순과 체본 따라쓰기 ❻

공부한 날

월 일

命	ノ 人 ム ム ム 合 命 命 命
목숨 명	命 命 命

文	、 一 ナ 文
글월 문	文 文 文

問	l l l l l l l l l l l l l l
물을, 방문 문	問 問 問

物	、 ノ ケ 牛 牛 牛 物 物
물건, 만물 물	物 物 物

方	、 一 亠 方
모 방	方 方 方

百	一 ア ア 丙 丙 百
일백, 많을 백	百 百 百

135

夫 지아비, 남편 부	큰(大)대는 크다, 높다. 남편은 높은 의미이고 一은 상투에 머리가 풀러지지 않도록 동곳을 꽂은 사내의 형상.	● 工夫 : 학문이나 미술 등을 배우고 익히는 것. ● 農夫 : 농사짓는 사람.
不 아니 불(부)	새가 놀라서 수직(ㅣ)으로 날아오르는 형상. 새는 놀다 떠나면 다시는 돌아오지 아니 한다는 데서 아니라는 뜻이 생김.	● 不動 : 물건이나 몸이 움직이지 않음. ● 不問 : 물어도 밝히지 아니함.
事 일, 섬길 사	한(一) 입(口)에 풀칠하기 위해 손에 갈고리 들고 일한다.	● 每事 : 하나하나의 모든 일. ● 事前 : 어떤 일이 있기 전. 시작하기 전.
算 셈할 산	대나무(竹)로 눈(目)알 처럼 깎아 만든 주산을 들고(廾) 셈한다.	● 算數 : 수의 성질과 산술을 가르치는 과목. ● 算入 : 셈에 넣는 일.
上 위 상	한(一) 일을 땅 또는 선반으로 간주하고 그 위에 물건을 올려놓은 형상을 본떠 위라는 뜻으로 사용.	● 上記 : 위나 앞에 어떠한 내용을 적는 것. ● 地上 : 땅의 위.
色 빛, 낯 색	사람이 미인을 볼 때 얼굴을 살펴보는 형상을 본뜸.	● 色動 : 놀라거나 성이 나서 얼굴빛이 변하는 것. ● 色盲 : 색을 구별 못하는 것.

夫 지아비, 남편 부	一 二 主 夫 夫 夫 夫
不 아니 불(부)	一 ナ 不 不 不 不 不
事 일, 섬길 사	一 一 一 戸 写 写 写 事 事 事 事
算 셈할 산	ノ ノ ヶ ヶ ヶ ヶ ヶ ヶ ヶ ヶ ヶ ヶ 算 算 算 算 算 算
上 위 상	I ㅏ 上 上 上 上
色 빛, 낯 색	ノ ヶ ヶ ヶ ヶ 色 色 色 色

夕 저녁 석	달 월(月)에서 한 획을 뺐으니 아직 밤이 되지 않은 해질무렵 저녁의 뜻.	● 夕刊 : 석간신문의 준말. ● 朝夕 : 아침과 저녁.
姓 성씨, 일가 성	여자(女)가 자식을 낳았을 때(生) 성씨도 따라서 이어받게 되므로 성씨 또는 일가의 뜻이 됨.	● 姓氏 : 성과 이름. ● 百姓 : 나라를 구성하는 사람들.
世 인간 세	열(十)이 세 개 모인자로 30이라는 수가 된다. 인생은 30이 최고의 전성기라 인생을 대표한다는 뜻.	● 世界 : 모든 인류가 살고 있는 지구. ● 世代 : 같은 세대. 같은 연령층.
少 적을 소	작은(小) 물건의 한쪽 모서리를 삐쳐(ノ) 깎는 형상.	● 少女 : 작은 여자아이. ● 少年 : 성숙하지 않은 사내아이.
所 곳, 바 소	도끼(斤)가 나무에 찍혀 있는, 그래서 틈새가 벌어진 나무의 형상.	● 所有 : 자기 것으로 만드는 것. ● 場所 : 일이 벌어지는 곳이나 자리.
手 손 수	다섯 개의 손가락을 폈을 때 그 손바닥의 손 모양을 본떠서 만든 글자임.	● 手記 : 자기 체험을 직접 적은 글. ● 投手 : 야구에서 포수에게 공을 던지는 사람.

| 夕 | ノ ク 夕 |
| 저녁 석 | 夕 夕 夕 |

| 姓 | く 夕 女 女 女 姓 姓 姓 |
| 성씨, 일가성 | 姓 姓 姓 |

| 世 | 一 十 卄 卅 世 |
| 인간 세 | 世 世 世 |

| 少 | ノ 小 小 少 |
| 적을 소 | 少 少 少 |

| 所 | ` ㇀ ㇁ 戶 戶 戶 所 所 |
| 곳, 바 소 | 所 所 所 |

| 手 | ㇀ 二 三 手 |
| 손 수 | 手 手 手 |

數 셈할 수	쌓여 있는 쌀가마니를 치면서 센다.	● 數字 : 수를 나타내는 글자. ● 數學 : 주로 수량 및 공간의 성질에 관해 연구하는 것.
市 저자, 시장 시	수건 건(巾)은 배 포(布)와 같은 의미. 옷감의 뜻으로 옷감은 저자, 시장에서 구입함으로 만든 글자.	● 市民 : 시의 주민. ● 市場 : 상품 판매가 현실로 행해지는 장소.
時 때 시	해(日)가 뜨면 절(寺)에서 종을 쳐 때를 알린다에서 비롯된 글자.	● 時間 : 어떤 시각과 시각 사이. ● 時代 : 시간을 역사적으로 구분한 한 시대.
食 밥 식	사람(人) 인과 좋을 량(良)의 합자. 사람이 좋아하는 것은 먹는 것인데 그 중에 밥을 제일 좋아한다는 뜻.	● 食口 : 같은 집에서 살며 끼니를 같이하는 사람. ● 食事 : 음식을 먹는 것.
植 심을 식	구덩이를 파고 나무(木)를 심을 때 곧게(直) 심는 형상.	● 植木日 : 국가에서 정한 나무심는 날. ● 植民地 : 정치, 경제적으로 다른 나라의 지배를 받아 국가로써 주권이 없는 나라.
心 마음 심	사람의 생각이 생성되는 근원지는 심장(心)이고 그 곳에서 마음이 우러난다하여 생긴 글자임.	● 心事 : 마음에 생각하는 일. ● 孝心 : 효도하는 마음.

數	﹂ 丶 口 曰 曰 甲 甲 昌 書 婁 婁 婁 婁 數 數 數
셈할 수	數 數 數

市	丶 一 亠 市 市
저자, 시장 시	市 市 市

時	丨 冂 冃 日 日一 日十 昨一 昨寸 時 時
때 시	時 時 時

食	丿 人 入 今 今 今 倉 倉 食
밥 식	食 食 食

植	一 十 オ 木 杧 枦 枋 柏 柏 植 植 植
심을 식	植 植 植

心	丶 心 心 心
마음 심	心 心 心

安 편안할 안

여자(女)가 집(宀)에서 알뜰히 일을 돌보게 되면 편안한 가정이 된다는 뜻에서 생긴 글자.

● 安家 : 편안한 집. 특수정보 기관에 딸린 비밀집.
● 安心 : 아무 걱정없이 마음이 편안한 것.

語 말씀 어

나(吾)와 다른 사람이 서로 마주 대하고 말(言)하는 형상. 각기 자기 의견을 말한다는 뜻.

● 國語 : 그 나라 국민이 사용하는 글 또는 말.
● 言語 : 의사소통을 위한 음성, 문자 등의 수단.

然 그러할 연

개(犬)가 달밤에(月) 거꾸로 매달아 불(灬)로 그을리는 형상. (燃) 탈 연과 같이 쓰였으나 지금은 '그러나'의 뜻.

● 然後 : 그러한 뒤.
● 自然 : 사람의 힘을 가미하지 아니한 그대로의 현상.

午 낮 오

절구공이를 세워놓고 그 그림자로 시간을 헤아리는 형상. 정오는 절구공이와 일치. 고로 낮의 뜻으로 씀.

● 午前 : 상오 0시부터 12시까지.
● 午後 : 12시부터 자정까지.

右 오른손 우

말하는 입(口)과 오른손의 형상을 본떠서 만든 글자.

● 右記 : 세로 쓰기에서 본문의 오른쪽에 기록하는 것.
● 左右之間 : 좌우지간 (이렇든 저렇든간에).

有 있을 유

왼쪽손에 고기(月)를 들고 다른손 우로 무엇이 또 있을까 찾는다 해서 있다의 뜻이 됨.

● 有力 : 힘이나 세력이 있는 것.
● 有名 : 이름이 세상에 널리 알려짐.

| 安 | ﾞ ﾞ 宀 穴 安 安 |
| 편안할 안 | 安 安 安 |

| 語 | ﾞ ﾞ ﾟ ﾟ 言 言 言 訁 訂 語 語 語 語 語 |
| 말씀 어 | 語 語 語 |

| 然 | ﾉ ｸ ﾀ ﾀ ﾀ ﾀ 夘 狄 狄 狄 然 然 然 |
| 그러할 연 | 然 然 然 |

| 午 | ﾉ ﾉ 二 午 |
| 낮 오 | 午 午 午 |

| 右 | 一 ﾅ 大 右 右 |
| 오른손 우 | 右 右 右 |

| 有 | 一 ﾅ 才 右 有 有 |
| 있을 유 | 有 有 有 |

育 기를 육	머리에(亠)는 지식을 내(厶) 몸 (月)에는 영양을 넣어 주며 부모님께서 나를 기르신다는 뜻.	● 育林 : 나무를 심고 기름. ● 育成 : 길러서 이루게 함.
邑 고을 읍	산, 논, 밭으로 둘러싸인 마을의 형상. 그런 곳이 고을이다.	● 邑民 : 읍에 거주하는 사람. ● 邑長 : 읍사무소의 우두머리.
入 들 입	옛날 움집으로 허리를 꾸부리고 들어가는 형상을 보고 만든 글자.	● 入國 : 국경 안으로 들어옴. ● 出入 : 나가고 들어오는 것.
自 스스로 자	나, 자기라는 것을 칭할 때 먼저 손이 가는 곳이 코라는 데서 생긴 글자.	● 自重 : 자기의 언행을 신중하게 하는 것. ● 自問自答 : 스스로 묻고 스스로 대답하는 것.
子 아들 자	아이가 돌이질할 때 한쪽 발이 강보에서 나와 있고 양팔을 벌린 상태에서 안아주는 형상.	● 子女 : 아들과 딸. ● 母子 : 어머니와 아들.
字 글자 자	집(宀)에서 아들(子)을 사랑하는 마음에서 가르치기 시작한 것이 글자.	● 文字 : 언어 전달의 수단으로 쓰이는 부호. ● 字間 : 글자와 글자 사이.

育
기를 육

丶 亠 云 云 产 育 育 育

育　育　育

邑
고을 읍

丶 ㅁ ㅁ 므 므 뭄 邑

邑　邑　邑

入
들 입

丿 入

入　入　入

自
스스로 자

丶 丨 冂 冃 自 自

自　自　自

子
아들 자

乛 了 子

子　子　子

字
글자 자

丶 丶 宀 宁 字 字

字　字　字

場
마당 장

햇빛이 잘 비치는 양지바른 뜰 또는 흙 토(土) 빛날 양(昜)의 합자.

- 場面 : 겉으로 드러난 면이나 벌어진 광경.
- 場所 : 일이 벌어지는 곳.

電
번개 전

구름을 뚫고 비(雨)와 번개 (电)가 일어나는 현상.
※ 电은 申의 변형

- 電氣 : 전자의 이동으로 생기는 에너지의 한 형태.
- 電子 : 소립자의 하나.

全
온전 전

구슬이 실에 모두 꿰어져 있는 형상. 구슬(玉)은 상자 안에 들어 (入) 있어야 완전한 보관이라는 뜻.

- 全校 : 학교 전체.
- 安全 : 위험이나 고장이 날 염려가 없는 것.

前
앞 전

우두머리(首)가 몸(月)에 칼(刂)을 차고 앞서 나간다.

- 前年 : 지나간 해.
- 食前 : 밥을 먹기 전.

正
바를 정

땅에 멈추고(止) 서(一) 있는 사람. 서있을 때는 바르게 서 있어야 한다라는 뜻에서 생긴 글자.

- 正門 : 건물 정면에 있는 주가 되는 출입문.
- 正直 : 마음이 바르고 곧음.

祖
조상, 할아비 조

신(示)을 모신 제사상의 형상. 고로 조상, 할아버지의 형상.

- 祖父母 : 할아버지 할머니.
- 先祖 : 첫대의 조상. 시조.

場
마당 장

一 十 土 ㅏ 圹 坍 坍 坍 埸 場 場 場

場 場 場

電
번개 전

一 ㄷ ㄷ 币 币 雨 雨 雪 雪 雪 雪 雪 電

電 電 電

全
온전 전

ノ 入 入 仐 仝 全 全

全 全 全

前
앞 전

丶 丷 丷 广 广 芀 芀 前 前

前 前 前

正
바를 정

一 丁 下 正 正

正 正 正

祖
조상, 할아비 조

丶 ㄱ 亍 亍 示 和 和 和 祖 祖

祖 祖 祖

足
발 족

무릎(口)과 무릅 아래서부터 발바닥까지의 형상.

- 手足 : 손발. 손발처럼 마음대로 부리는 사람.
- 足下 : 비슷한 연배 사이에서 이름 밑에 써서 자신을 낮추는 말.

左
왼 좌

목수가 왼손에(𠂇) 자(工)를 쥐고 있는 모습.

- 左右 : 왼쪽과 오른쪽.
- 左中間 : 야구에서 좌익수와 중견수 사이.

主
주인 주

촛대 심지에 불이 밝혀져 타고 있는 현상. 촛불이 모든 사람을 밝혀주듯 집안의 주체는 주인이라는 뜻.

- 主客 : 주인과 손님.
- 主動 : 어떤 일에 주장이 되어 행동하는 것.

住
살, 머무를 주

촛불을 켜놓고 그 옆에 있는 사람. 즉 촛불이 있는 곳에 사람이 있다. 머무르다 살다라는 뜻에서 생긴 글자.

- 住民 : 그 땅에 사는 백성.
- 住宅 : 사람이 살 수 있도록 지은 집.

重
무거울 중

천(千) 가마니의 곡식을 마을(里)로 옮기려니 무겁고 힘들다는 뜻.

- 重大 : 예사로 여길 수 없을 만큼 매우 중요함.
- 自重 : 자기의 언행을 신중하게 하는 것.

紙
종이 지

실(糸)로 뿌리(氏)처럼 섬유질로 이루어진 것이 종이.

- 紙物 : 종이의 총칭.
- 紙上 : 신문의 지면 위.

足
발족

丶口口무무무足

足 足 足

左
왼좌

一ナ左左左

左 左 左

主
주인주

丶亠十主主

主 主 主

住
살, 머무를 주

ノイ亻仁什什住住

住 住 住

重
무거울 중

一一一一一一重重重

重 重 重

紙
종이 지

丶幺幺幺糸糸糸紅紙紙

紙 紙 紙

149

地
땅, 따 지

흙(土) 또한(也) 땅이다.

- 地方 : 서울 이외의 지역.
- 地下 : 땅속. 건축물이 있는 땅속의 공간.

直
곧을 직

열(十)개의 눈(目)으로 보는것처럼 숨어 있는 부분까지 볼 수가 있어 곧은 마음으로 올바른 판단을 한다.

- 直立 : 꼿꼿이 바로 서는 것.
- 下直 : 먼길을 떠날 때 웃사람에게 작별하는 것.

川
내 천

냇가에 도랑을 파서 양쪽 언덕 사이로 물을 흐르게 하는 모양.

- 川魚 : 냇물에 사는 물고기.
- 山川 : 산과 내, 곧 자연을 이르는 말.

千
일천 천

가로(一)로 사람(亻)이 죽 늘어섰다 하여 많은 수를 일 천.

- 千金 : 많은 돈, 비싼 값.
- 千秋 : 긴 세월 또는 먼 미래.

天
하늘 천

하늘(一) 아래(一)서 사람(人)이 살고 있는 모양. 하늘 아래 위대한 사람이 살고 있다는 표현.

- 天地 : 하늘과 땅.
- 靑天 : 푸른 하늘.

草
풀 초

이른(早 : 이를 조) 봄에 새싹(艹)이 움튼 풀의 모습.

- 水草 : 물속이나 물가에 자라는 풀
- 草家 : 볏짚, 갈대 따위로 지붕을 이은 집.

地
땅, 따 지

一 十 土 圵 地 地

地   地   地

直
곧을 직

一 十 广 古 古 直 直 直

直   直   直

川
내 천

丿 川 川

川   川   川

千
일천 천

丿 二 千

千   千   千

天
하늘 천

一 二 チ 天

天   天   天

草
풀 초

丶 十 艹 艹 艹 芦 苗 苩 草 草

草   草   草

村
마을 촌

나무와 논, 밭이 있는 곳에 마을이 형성된 모습.

- 農村 : 농사를 짓는 지역.
- 山村 : 산 속에 있는 마을.

秋
가을 추

벼(禾)가 가을 따가운 햇살(火)에 누렇게 익어가는 모습.

- 秋夕 : 음력 8월 15일. 한가위.
- 秋收 : 가을철에 곡식을 거두어 들이는 모습.

春
봄 춘

하늘과 땅(二)에 큰(大) 태양(日)이 떠오르는 봄.

- 春氣 : 봄기운.
- 春三月 : 봄경치가 가장 좋은 음력 3월.

出
날 출

出은 山이 겹쳐진 것이 아니고 초목의 싹이 움터나와 위로 뻗어나는 형상.

- 出國 : 나라의 국경 밖으로 나가는 것.
- 不出 : 어리석고 못난 사람을 조롱하는 말.

便
편할 편.똥오줌 변

사람(亻)은 불편한 것을 편리하게 고치며(更 : 고칠 경) 살아왔으며 변소를 만들어 아무데나 방뇨 안 한다는 뜻.

- 便利 : 편하고 이용하기 쉬운 것.
- 便所 : 대소변을 볼 수 있게 만들어 놓은 곳(뒷간)

平
평평할 평

글자 모양이 양쪽 모두 기울어짐이 없이 평평하다 하여 생긴 글자.

- 平安 : 탈이나 걱정되는 것이 없이 편한 것.
- 和平 : 마음이 편안한 것.

村
마을 촌

一 十 才 才 木 村 村

村 村 村

秋
가을 추

一 二 千 千 禾 禾 利 秒 秋

秋 秋 秋

春
봄 춘

一 二 三 声 夫 表 春 春 春

春 春 春

出
날 출

丨 屮 屮 出 出

出 出 出

便
편할 편, 똥오줌 변

丿 亻 亻 个 伂 佢 佰 便 便

便 便 便

平
평평할 평

一 丆 八 二 平

平 平 平

下 아래 하

一은 고정된 위치. 즉 땅을 의미하며 卜은 一의 아래를 의미하여 생긴 글자.

- 下女 : 여자 하인.
- 門下 : 같은 스승 밑에서 가르침을 받은 제자.

夏 여름 하

머리(首)가 서서히(夂) 더워지는 계절. 즉 여름.

- 夏間 : 여름 동안.
- 夏日 : 여름 날.

漢 한수, 물이름 한

원래 중국 양쯔강 상류의 한수강을 뜻했는데 이 지역에 있던 나라의 국호가 한나라에서 유래된 글자.

- 蜀漢 : 중국 삼국시대의 유비가 세운 나라.
- 漢字 : 중국에서 만들어져 지금까지 쓰고 있는 표의문자.

海 바다 해

바다물(氵)은 늘 또는 매일(每) 보아도 물이 맑고 넓다는 데서 바다가 됨.

- 海軍 : 바다를 지키는 군인.
- 海上 : 바다 위.

話 말씀 화

사람은 혀(舌)를 사용하여 말(言)을 한다.

- 民話 : 민간에 전해 내려오는 이야기.
- 電話 : 말을 주고받을 수 있는 기계.

花 꽃 화

풀(艹)이 변화(化)되어 꽃으로 변하는 모습에서 만들어짐.

- 花朝月夕 : 꽃피는 아침. 달뜨는 저녁.
- 造花 : 사람의 손으로 만든 꽃.

下
아래 하

一丁下

下　下　下

夏
여름 하

一一丁丌兀帀百百頁夏夏

夏　夏　夏

漢
한수, 물이름 한

丶丶氵氵汁汁汁汁汁汗淳淳漢漢

漢　漢　漢

海
바다 해

丶丶氵氵汇汇海海海海

海　海　海

話
말씀 화

丶一一二言言言言言計訐話話

話　話　話

花
꽃 화

丶丷丬艹艹艹花花

花　花　花

| 活 | 몹시 갈증이 날 때 물(氵)로 혀 (舌)를 적시니 살 것 같아진다. | ● 活氣 : 활동의 원천이 되는 정기. ● 活用 : 잘 이용함. |
| 살 활 | | |

| 孝 | 아들이(子) 늙은 부모님(耂)을 업고 있는 형상. | ● 孝道 : 부모를 잘 섬기는 도리. ● 孝行 : 부모를 효성으로 잘 섬기는 행실. |
| 효도 효 | | |

| 後 | 아이가 걸음이 느려 뒤처져 늦게 오는 것을 보고 만든 글자. | ● 後日 : 뒷 날. ● 前後 : 앞, 뒤, 일의 먼저와 나중. |
| 뒤 후 | | |

| 休 | 일을 하다가 힘들면 사람(亻)이 나무(木) 그늘에서 휴식한다는 데서 만들어진 글자. | ● 休日 : 일을 쉬는 날. ● 休息 : 휴식. 그만두는 것. |
| 놀 휴(쉴 휴) | | |

문답으로 알아보는 한자능력검정시험

問⑯ 시험 볼 때 필기구는 어떤 것을 사용해야 하나요?

答⑯ 필기구는 검정색 필기구만을 허용하며, 답안 수정은 수정액과 수정테이프를 사용하실 수 있습니다. 검정색 필기구란 일상 생활에서 흔히 사용하는 모나미 볼펜류나 플러스펜 류를 말하고, 절대 사용할 수 없는 유성펜은 매직이나 네임펜과 같이 답안지 뒷면에 잉크가 배일 수 있는 것을 말합니다.

➡ 157면에 계속됩니다.

活
살 활

丶 丶 氵 氵 汽 汗 洁 活 活

活 活 活

孝
효도 효

一 十 土 耂 孝 孝 孝

孝 孝 孝

後
뒤 후

丿 夕 彳 彳 衫 衫 移 後 後

後 後 後

休
놀 휴(쉴 휴)

丿 亻 亻 什 休 休

休 休 休

 문답으로 알아보는 한자능력검정시험

問⑰ 저는 아직 초등학생인데 시험 볼 때 연필로 정답을 써도 되나요?

答⑰ 안됩니다. 작성하신 답안지는 3차에 걸친 엄정한 채점과정을 거친 후 답안·
응시자 정보·채점결과를 데이터베이스에 저장합니다. 데이터 입력을 위해
문자 인식 과정을 거치는데, 이때 연필·유성펜·검정색이 아닌 필기구로 작
성된 답안지는 정확히 인식되질 않습니다.

➜ 158면에 계속됩니다.

교과서에 나오는 한자어 문장과 낱말

 쓰기 교과서에 나오는 한자어 낱말 익히기(2-1)

🎓 다음 한자어의 讀音(독음)을 쓰세요.

1. "市場(　　　　)에 갔다 온다. 동생 잘 보고 있어라."

2. 글자가 없었던 옛날에 한 少年(　　　　)이 자기가 한 일을 동굴 벽에

　그림으로 나타내었습니다. 어떤 內容(　　　　)일지 말하여 봅시다.

3. 글로 쓰면 표현하는데 時間(　　　　)이 적게 걸린다.

 문답으로 알아보는 한자능력검정시험

問⑱ 시험 보러 갈 때는 무엇을 준비해 가야 하나요?

答⑱ 수험표, 사진이 부착된 신분증(주민등록증, 여권, 운전면허증, 학생증, 초등학
　생의 경우는 주민등록등본이나 건강보험증 사본 가능), 필기구(검정색 볼펜
　또는 플러스펜-연필, 빨간색 펜 또는 네임펜(permanent marker 등과 같은 유
　성펜은 사용 불가), 수정액 또는 수정테이프

➡ 161면에 계속됩니다.

漢字(한자)로 퍼즐 맞추기

안에 들어갈 한자어를 보기에서 찾아 직접 써 보세요.

〈보기〉   動物園   册床   花名   童畵册   園兒   床花   兒童

● 가로열쇠

❶ 우리들이 즐겨 읽는 책.

❸ 잔치상에 꽂는 조화.

❺ 유치원에 다니는 아이.

● 세로열쇠

❶ 여러 가지 동물을 기르는 곳.

❷ 공부하는데 필요한 □□과 의자.

❹ 꽃의 이름.

❻ 초등학교에 다니는 어린 아이.

159

다음 한자어의 讀音(독음)을 쓰세요.

1. 그림을 보며 動物(　　　　　)들이 무엇을 하고 있는지 말하여 보세요.

2. 숲 속에서 즐거운 運動會(　　　　　)가 열렸습니다.

3. 내 생각이 分明(　　　　　)하게 드러나는 글을 쓸 수 있다.

4. 영주네는 다음 주말에 家族(　　　　　) 나들이를 가려고 합니다.

5. 父母(　　　　　)님께서는 山(　　　　　)에 가자고 하셨습니다.

6. 바른 자세로 앉아서 工夫(　　　　　)합니다.

7. 자음자와 모음자를 區別(　　　　　)합니다.

 읽기 교과서에 나오는 한자어 낱말 익히기(2-1)

다음 (　　　) 안의 글을 읽고 물음에 답하세요.

연희는 고모와 함께 ①(민속촌)에 갔습니다. ②(민속촌) ③(입구)에는 안내판이 있었습니다. ④"(전통) 혼례식을 보려면 두 시에 ⑤(전통) ⑥(가옥)으로 가야겠군." 고모께서 ⑦案內板을 보며 말씀하셨습니다.

1. 밑줄친 ①과 ②에 공통으로 들어갈 한자어를 보기에서 찾으세요. (   )

① 案內板   ②傳統的   ③ 民俗村   ④ 說明書

2. 밑줄친 ③(   )에 들어갈 한자어를 쓰세요.

3. 위 밑줄친 ④와 ⑤에 공통으로 들어갈 한자어를 보기에서
찾으세요. (   )

① 傳統   ② 入口   ③ 生活   ④ 家屋

4. 위 밑줄친 ⑥의 (   )안에 들어갈 한자어를 보기에서 찾으세요. (   )

① 入口   ② 傳統   ③ 生活   ④ 家屋

5. 위 밑줄친 ⑦의 한자어의 音(음)을 바르게 읽은 것은? (   )

① 설명서   ② 안내판   ③ 안내장   ④ 민속촌

문답으로 알아보는 한자능력검정시험

問⑲ 학생이 아닌 일반인도 시험을 볼 수 있나요?

答⑲ 한자능력검정시험은 학년 또는 연령에 제한이 없습니다. 누구나 본인의 실력
에 맞추어 급수를 선택하시고 시험을 볼 수 있습니다.

→ 163면에 계속됩니다.

국어교과서 선행학습❾

낱말 만들기

👩 다음 표를 보고 물음에 답하세요

親	道	入	利	物
祖	聞	自	植	校
件	圖	舊	路	新
車	學	千	口	書
日	便	木	室	內
容	字	上	動	文

👩 두 글자로 된 낱말을 모두 골라 직접 써 보세요.

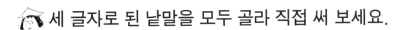

🎓 세 글자로 된 낱말을 모두 골라 직접 써 보세요.

문답으로 알아보는 한자능력검정시험

問⑳ 채점은 컴퓨터로 하나요?

答⑳ 한자능력검정시험은 1차와 2차 채점을 수작업으로, 3차 채점은 전산(OCR) 방식으로 하고 있습니다. OCR 방식이란 답안을 문항별로 쪼개어 모니터 상으로 각 개 답안을 보면서 채점위원이 o, x 판정을 하는 방식입니다. 이렇게 한자능력검정시험 채점은 3차에 걸쳐 이루어지며, 4급 이하 급수의 1차 채점은 전·현직 교사와 석사학위 이상 취득자가, 4급 이상의 급수와 2차·3차 채점은 대학의 관련학과 교수를 비롯하여 박사과정 이상 관련 전공자들이 합니다.

➡ 165면에 계속됩니다.

다음 한자어 중에서 뜻(의미)이 다른 한자를 골라 빈칸에 써 넣으세요.

1. 木   金   月   禾   火   ⇨

2. 菊花   國花   國火   局禾   口話   ⇨

3. 水   海   川   山   巛   江   ⇨

4. 上一下   左一右   正一身   南一北   春一秋   ⇨

5. 兄一弟   水一子   手一足   父一母   敎一學   ⇨

말하기 · 듣기 교과서에 나오는 한자어 낱말 익히기(2-1)

다음 한자어의 讀音(독음)을 (   )안에 써 넣으세요.

6. 듣기의 重要性(   )을 알고 注意(   ) 깊게 들을 수 있다.

7. "다음 時間(   )에는 관찰 기록장을 가지고 나오세요."

8. 우리 生活(   )에서 듣기가 왜 重要(   )한지 말하여 봅시다.

🏠 다음 (   )안의 문장을 읽고 물음에 답하세요.

재호는 ①집 ②안에서 노는 것을 ③좋아합니다. ④밖에서 놀면 ⑤옷이 더러워지고 다치기 ⑥쉽다고 생각하기 때문입니다. 어떤 ⑦말을 하면 재호를 밖에 나와서 놀게 할 수 있을지 생각하여 봅시다.

밑줄친 ①~⑦까지 해당하는 한자를 아래 〈보기〉에서 골라 그 번호를 쓰세요.

보기	①服 ②外 ③語 ④家 ⑤易 ⑥樂 ⑦內

① 집(   )   ② 안(   )   ③ 좋아합니다(   )

④ 밖(   )   ⑤ 옷(   )   ⑥ 쉽다(   )

⑦ 말(   )

문답으로 알아보는 한자능력검정시험

問㉑ 음을 쓰는 문제에서 두 글자 중 한 글자만 적었습니다. 반점으로 인정되나요?

答㉑ 인정되지 않습니다. 한자능력검정시험의 점수는 1문항 당 1점이 부여되고 부분 점수는 적용하지 않습니다.

問㉒ 한자능력검정시험의 배점은 어떤 방식으로 이루어지나요?

答㉒ 한자능력검정시험의 점수는 1문항 당 1점이 부여되고 부분점수는 적용되지 않습니다.

➡ 166면에 계속됩니다.

다음 (   )안에 들어갈 한자어를 아래 〈보기〉에서 골라 그 번호를 쓰세요.

보기
①場面   ②來日   ③大會   ④人物
⑤自然   ⑥子然   ⑦午後   ⑧行動

▷ ⑧(내일) 1반하고 축구 경기가 있는데 오늘 ⑨(오후)에 집에 가지 말고 우리같이 연습하자.

▷ ⑩(자연)을 깨끗하게 하기 위하여 우리가 할 수 있는 일을 간단하게 적어 봅시다.

▷ 숲 속 나라에서 달리기 ⑪(대회)가 열렸습니다.

▷ ⑫(인물)의 말과 ⑬(행동)을 바탕으로 하여 ⑭(장면)을 떠올려 봅시다.

⑧ (   )   ⑨ (   )   ⑩ (   )

⑪ (   )   ⑫ (   )   ⑬ (   )

⑭ (   )

문답으로 알아보는 한자능력검정시험

問㉓ 맞춤법이나 두음법칙을 꼭 지켜야 하나요?

答㉓ 한자능력검정시험은 국어를 바르게 쓰자는 것이 의의이며, 목표입니다. 답안 작성 시 두음법칙을 지키지 않거나, 국어표기법이 맞지 않으면, 해당 한자음이더라도 오답 처리됩니다.

➧ 178면에 계속됩니다.

四字成語(사자성어) 한마디 익히고 가세요.

● 一口二言(일구이언) : 한 입으로 두말 한다.

또는 이 말을 이랬다 저랬다 함.

● 一石二鳥(일석이조) : '하나의 돌로 두 마리의 새를 잡는다' 란 뜻으로

한 가지 일로 두 가지의 이득을 얻을 때를 말함.

● 十中八九(십중팔구) : '열 가운데 여덟이나 아홉이 그러하다' 는 뜻으로

거의 추측한 것이 맞다는 말.

👩‍🎓 소리내어 읽으면서 써 보세요.

뜻 :

뜻 :

뜻 :

7급 배정한자 100자 반복학습 ❶

공부한 날

월   일

읽을 줄만 알아도 절반은 아는 것입니다. 반복하여 읽어봅시다.

家	歌	間	江	車	工	空	口
집 가	노래 가	사이, 틈 간	강 강	수레 거(차)	장인 공	빌, 하늘 공	입 구
氣	記	旗	男	內	農	答	道
기운, 날씨 기	기록, 기억 기	기, 깃발 기	사내 남	안 내	농사 농	대답할 답	길, 법도 도
同	冬	洞	動	登	來	力	老
한가지, 같을 동	겨울 동	마을동, 꿰뚫을통	움직일, 동물동	오를, 나갈 등	올 래(내)	힘 력	늙을 노(로)
里	林	立	每	面	名	命	文
마을 리(이)	수풀, 빽빽할림(임)	설 립(입)	매양, 늘 매	낯, 얼굴 면	이름 명	목숨 명	글월 문
問	物	方	百	夫	不	事	算
물을, 방문 문	물건 물	모 방	일백, 많을 백	지아비, 남편 부	아니 불(부)	일, 섬길 사	셈할 산
上	色	夕	姓	世	少	所	手
위 상	빛, 낯 색	저녁 석	성씨, 일가성	인간 세	적을 소	곳, 바 소	손 수
數	市						
셈할 수	저자, 시장 시						

🎓 빈 칸에 訓(훈)과 音(음)을 써 봅시다.

家	歌	間	江	車	工	空	口
氣	記	旗	男	内	農	答	道
同	冬	洞	動	登	來	力	老
里	林	立	每	面	名	命	文
問	物	方	百	夫	不	事	算
上	色	夕	姓	世	少	所	手
數	市						

읽을 줄만 알아도 절반은 아는 것입니다. 반복하여 읽어봅시다.

時	食	植	心	安	語	然	午
때 시	밥 식	심을 식	마음 심	편안할 안	말씀 어	그러할 연	낮 오
右	有	育	邑	入	自	子	字
오른쪽 우	있을 유	기를 육	고을 읍	들 입	스스로 자	아들 자	글자 자
場	電	全	前	正	祖	足	左
마당 장	번개 전	온전 전	앞 전	바를 정	조상, 할아비조	발 족	왼 좌
主	住	重	紙	地	直	川	千
주인 주	살,머무를주	무거울 중	종이 지	땅, 따 지	곧을 직	내 천	일천 천
天	草	村	秋	春	出	便	平
하늘 천	풀 초	마을 촌	가을 추	봄 춘	날 출	편할편, 똥오줌변	평평할 평
下	夏	漢	海	話	花	活	孝
아래 하	여름 하	한수,물이름한	바다 해	말씀 화	꽃 화	살 활	효도 효
後	休						
뒤 후	놀 휴(쉴 휴)						

빈 칸에 訓(훈)과 音(음)을 써 봅시다.

時	食	植	心	安	語	然	午
右	有	育	邑	入	自	子	字
場	電	全	前	正	祖	足	左
主	住	重	紙	地	直	川	千
天	草	村	秋	春	出	便	平
下	夏	漢	海	話	花	活	孝
後	休						

한자능력검정시험 실력 쌓기

 7급 시험에 나온 문제 살펴보기

다음 漢字語(한자어)의 讀音(독음)을 쓰세요. (1~32)

| 보기 | 漢字 ➡ 한자 |

(1) 花草 ➡

(2) 安全 ➡

(3) 正午 ➡

(4) 王室 ➡

(5) 男子 ➡

(6) 海上 ➡

(7) 手話 ➡

(8) 人物 ➡

(9) 重大 ➡

(10) 自問 ➡

(11) 時事 ➡

(12) 不便 ➡

(13) 民心 ➡

(14) 北道 ➡

(15) 空中 ➡

(16) 活氣 ➡

(17) 靑年 ➡

(18) 家長 ➡

(19) 有名

(20) 生命

(21) 農夫

(22) 母女

(23) 食水

(24) 每月

(25) 祖父

(26) 先金

(27) 紙面

(28) 秋夕

(29) 電力

(30) 平日

(31) 文字

(32) 後世

다음 漢字(한자)의 訓(훈)과 音(음)을 쓰세요. (33~51)

보기	字 ➡ 글자 자

(33) 百

(34) 休

(35) 間

(36) 弟

(37) 內

(38) 所

(39) 足

(40) 直

(41) 川

(42) 來

(43) 冬 ⇨   (44) 立 ⇨

(45) 前 ⇨   (46) 住 ⇨

(47) 村 ⇨   (48) 敎 ⇨

(49) 動 ⇨   (50) 育 ⇨

(51) 記 ⇨

다음 漢字語(한자어)의 뜻을 쓰세요. (52~53)

(52) 登山 ⇨

(53) 出入 ⇨

다음 訓(훈)과 音(음)에 맞는 漢字(한자)를 〈보기〉에서 찾아 그 번호를 쓰세요. (54~63)

| 보기 | ① 方 | ② 下 | ③ 孝 | ④ 同 | ⑤ 寸 |
| | ⑥ 算 | ⑦ 千 | ⑧ 工 | ⑨ 林 | ⑩ 答 |

(54) 장인 공 ⇨   (55) 한가지 동 ⇨

(56) 모 방 ⇨   (57) 셈 산 ⇨

(58) 수풀 림   (59) 아래 하

(60) 마디 촌   (61) 대답 답

(62) 일천 천   (63) 효도 효

다음 漢字(한자)와 상대 또는 반대되는 漢字(한자)를 〈보기〉에서 찾아 그 번호를 쓰세요. (64~66)

보기	① 下 ② 右 ③ 地 ④ 紙 ⑤ 少

(64) 老   (   )   (65) 左   (   )   (66) 大   (   )

다음 괄호 속에 알맞은 漢字(한자)를 〈보기〉에서 찾아 그 번호를 쓰세요. (67~69)

보기	① 歌 ② 市 ③ 草 ④ 門

(67) (   ) 場 : 물건을 사고 파는 곳.

(68) (   ) 木 : 풀과 나무.

(69) 國 (   ) : 나라의 노래.

 다음 漢字말의 독음(讀音)을 써 보세요.

(1) 先後 ⇨ (　　　)　　(2) 老人 ⇨ (　　　)

(3) 孝子 ⇨ (　　　)　　(4) 生食 ⇨ (　　　)

(5) 母校 ⇨ (　　　)　　(6) 南海 ⇨ (　　　)

(7) 地下 ⇨ (　　　)　　(8) 村長 ⇨ (　　　)

(9) 百萬 ⇨ (　　　)　　(10) 千字文 ⇨ (　　　)

(11) 南北 ⇨ (　　　)　　(12) 祖國 ⇨ (　　　)

(13) 母女 ⇨ (　　　)　　(14) 父子 ⇨ (　　　)

(15) 百方 ⇨ (　　　)　　(16) 後面 ⇨ (　　　)

(17) 前面 ⇨ (　　　)　　(18) 登場 ⇨ (　　　)

(19) 植木日 ⇨ (　　　)　　(20) 父女 ⇨ (　　　)

(21) 小學 ⇨ (　　　)　　(22) 日記 ⇨ (　　　)

(23) 文物 ⇨ (　　　)　　(24) 文學 ⇨ (　　　)

(25) 所有   (   )   (26) 手足   (   )

(27) 下水道   (   )   (28) 上水道   (   )

(29) 力道   (   )   (30) 左右   (   )

다음 漢字의 뜻(訓)과 음(音)을 써 보세요.

(31) 空   (   )   (32) 植   (   )

(33) 色   (   )   (34) 直   (   )

(35) 住   (   )   (36) 地   (   )

(37) 入   (   )   (38) 後   (   )

(39) 休   (   )   (40) 海   (   )

(41) 算   (   )   (42) 數   (   )

(43) 夫   (   )   (44) 立   (   )

(45) 答   (   )   (46) 西   (   )

(47) 國   (   )   (48) 校   (   )

(49) 學   (   )   (50) 漢   (   )

(51) 火   (   )   (52) 千   (   )

(53) 室 ⇨ (   )   (54) 林 ⇨ (   )

(55) 韓 ⇨ (   )

다음 보기의 훈(訓)과 음(音)에 맞는 한자를 골라 써 보세요.

보기	八, 大, 土, 孝, 子, 兄, 金, 南, 四, 東, 日, 弟, 三, 口, 山, 五

(56) 남녘 남 ⇨ (   )   (57) 동녘 동 ⇨ (   )

(58) 메 산 ⇨ (   )   (59) 다섯 오 ⇨ (   )

(60) 쇠 금 ⇨ (   )   (61) 입 구 ⇨ (   )

(62) 효도 효 ⇨ (   )   (63) 해 일 ⇨ (   )

(64) 석 삼 ⇨ (   )   (65) 여덟 팔 ⇨ (   )

(66) 아우 제 ⇨ (   )   (67) 흙 토 ⇨ (   )

문답으로 알아보는 한자능력검정시험

問❷❹ 글씨를 잘 못쓰는데 채점에 불이익을 당하지 않을까요?

答❷❹ 예쁘지는 않더라도 바르게 또박또박 쓰시는 것이 좋습니다. 채점위원이 알아볼 수는 있게 쓰셔야 합니다.

➡ 문답으로 알아보는 한자능력검정시험(끝)

다음에 짝지은 두 낱말 중 앞 글자가 긴소리로 발음되는 말을 골라 그 번호를 써 보세요.

보기   ① 電氣   ② 前後 ➡ ①

(68) ① 道路   ② 東海   (   )

(69) ① 市場   ② 車道   (   )

(70) ① 老人   ② 天地   (   )

(71) ① 上下   ② 空氣   (   )

다음 한자의 독음에 알맞은 것을 보기에서 골라 그 번호를 써 보세요.

보기   ① 전기   ② 국어   ③ 팔도강산   ④ 전지   ⑤ 도로

(72) 國語(   )시간에 발표를 잘하여 칭찬을 받았습니다.

(73) 아침에는 道路(   )가 복잡합니다.

(74) 우리 나라는 八道江山(   )이 아름답습니다.

(75) 우리 생활이 편리한 것은 電氣(   )때문입니다.

뜻이 서로 반대되는 글자를 골라 그 번호를 써 보세요.

보기	① 南	② 男	③ 地	④ 山	⑤天
	⑥ 午	⑦ 下	⑧ 子	⑨ 多	⑩ 小

(76) 海 ➡ (   )   (77) 川 ➡ (   )

(78) 上 ➡ (   )   (79) 大 ➡ (   )

(80) 女 ➡ (   )

다음 글자의 짜임과 알맞은 한자를 보기에서 골라 그 번호를 써 보세요.

보기	① 口	② 力	③ 立	④ 工	⑤ 足	⑥ 心

(81) 심장 모양을 본뜬 자 (마음을 나타냄) ➡ (   )

(82) 힘줄 모양을 나타냄 (힘을 뜻함) ➡ (   )

(83) 사람이 서 있는 모양 ➡ (   )

(84) 입의 모양을 본뜬 자 ➡ (   )

(85) 발의 모양을 나타냄 ➡ (   )

(86) 목수가 자를 대고 일하는 모양 ➡ (   )

다음 빈칸에 알맞은 한자어를 보기에서 골라 그 번호를 써 보세요.

보기	① 白軍　② 國民　③ 學生　④ 大門　⑤ 軍人

(87) 이번 운동회에서 백군(　　　　)이 이겼습니다.

(88) 학생(　　　　)들은 열심히 공부하여야 합니다.

(89) 아버지가 대문(　　　　)안으로 들어오시자 나는 좋아서 뛰었습니다.

(90) 군인(　　　　)이 매우 용감하였습니다.

(91) 국민(　　　　)이 열심히 일하면 나라가 잘 살게 됩니다.

(　　　) 안에 들어갈 알맞은 한자를 보기에서 골라 그 번호를 써 보세요.

보기	① 電　② 漢　③ 室　④ 木　⑤ 軍　⑥ 登

(92) (　　)話 (　　)氣　　　(93) (　　)字 (　　)江

(94) (　　)山 (　　)場　　　(95) (　　)手 (　　)工

(96) (　　)人 白(　　)　　　(97) 敎(　　) (　　)內

〈108~110쪽 해답〉

1. ①편지   ②정리   ③내용
2. ①칠   ②월   ③오   ④일   ⑤생일
   ⑥오후   ⑦시   ⑧친구   ⑨초대   ⑩초대
3. ①八   ②月   ③二十三 ④日   ⑤生日
4. 친구   5. 분명   6. 공부,과학자   7. 교실,1학년
8. 식목일   9. 학교   10. 전화   11. 세상, 중, 질문
12. 아버지 ➡ 父(부)   13. 어머니 ➡ 母(모)
14. 형제 ➡ 兄弟(형제)   15. 나 ➡ 自(자)
16. 할머니 ➡ 祖母(조모)   17. 할아버지 ➡ 祖父(조부)

〈114쪽 해답〉

(1) 삼   (2) 월   (3) 일   (4) 일   (5) 교
(6) 문   (7) 십   (8) 구   (9) 왕   (10) 민
(11) 남   (12) 북   (13) 형제 (14) 촌   (15) 군

〈115쪽 해답〉

(16) 가르칠 교   (17) 쇠 금   (18) 여자 여, 계집 녀
(19) 동녘 동   (20) 불 화   (21) 한국 한, 나라 한
(22) 여덟 팔   (23) 흙 토   (24) 긴 장, 어른 장
(25) 작을 소
(26) ➡ ④   (27) ➡ ⑨   (28) ➡ ⑥   (29) ➡ ⑦   (30) ➡ ②
(31) ➡ ①   (32) ➡ ⑤   (33) ➡ ③   (34) ➡ ⑩   (35) ➡ ⑧

〈116~117쪽 해답〉

(36) ➡ ⑤   (37) ➡ ③   (38) ➡ ②   (39) ➡ ④   (40) ➡ ①
(41) ➡ ⑤   (42) ➡ ①   (43) ➡ ④   (44) ➡ ⑦   (45) ➡ ⑤
(46) ➡ ②   (47) ➡ ⑧   (48) ➡ ③   (40) ➡ ⑥   (50) ➡ ④

〈118~119쪽 해답〉

(1) 오   (2) 월   (3) 팔   (4) 일   (5) 부
(6) 모   (7) 십   (8) 삼   (9) 왕   (10) 민
(11) 남   (12) 북   (13) 한   (14) 촌   (15) 군
(16) 사람 인   (17) 일만 만   (18) 여자 여
(19) 가운데 중   (20) 불 화   (21) 가르칠 교
(22) 먼저 선   (23) 흙 토   (24) 흰 백   (25) 문 문
(26) ➡ ④   (27) ➡ ⑨   (28) ➡ ②   (29) ➡ ⑦   (30) ➡ ⑥
(31) ➡ ⑤   (32) ➡ ①   (33) ➡ ③   (34) ➡ ⑩   (35) ➡ ⑧

〈120쪽 해답〉

(36) ➡ ③   (37) ➡ ⑤   (38) ➡ ②   (39) ➡ ④   (40) ➡ ①
(41) ➡ ⑤   (42) ➡ ②   (43) ➡ ④   (44) ➡ ⑦   (45) ➡ ⑤
(46) ➡ ②   (47) ➡ ⑧   (48) ➡ ⑥   (49) ➡ ③   (50) ➡ ④

〈158쪽 해답〉

1. 시장   2. 소년   3. 내용   4. 시간

〈159쪽 해답〉

動	童	畫	册
物		床	花
園	兒		名
	動		

〈160쪽 해답〉

1. 동물   2. 운동회   3. 분명   4. 가족
5. 부모   6. 공부   7. 구별

〈161쪽 해답〉

1. ③   2. 入口   3. ①   4. ④   5. ②

〈162~163쪽 해답〉

두 글자로 된 낱말을 모두 골라 직접 써 보세요.
入口   物件   新聞   道路   祖上   內容
動物   室內   文字
세 글자로 된 낱말을 골라 직접 써 보세요.
千字文   植木日   圖書室   動植物

〈164쪽 해답〉

1. 禾   2. 口話   3. 山   4. 正─身   5. 水─子
6. 중요성, 주의   7. 시간   8. 생활, 중요

〈165쪽 해답〉

1. 집 ➡ ④   안 ➡ ⑦   좋아합니다 ➡ ⑥
   박 ➡ ②   옷 ➡ ①   쉽다 ➡ ⑤   말 ➡ ③

〈184쪽에 계속됩니다.〉

그래그래 (Geurae Geurae)는 호기심 많은 어린이들의 탐구적 의미의 질문에 어머니나 어른들이 응답하는 소리말(그래그래, 알았다, 그렇게 하자)에서 나온 순수한 우리말로, 현대적 의미는 "동조 또는 화합해서 새로운 가치의 세계로 전진한다"는 이미지로 사용되고 있습니다.

누구나 쉽게 하는

국가공인자격 8·7급 한자공부

- 1판 1쇄 인쇄한 날 │ 2006년 4월 1일
- 1판 1쇄 펴낸 날 │ 2006년 4월 5일
- 지은이 │ 임동숙·서동익 편저
- 펴낸이 │ 김송희
- 펴낸곳 │ 도서 출판 그래그래

　　　　　주소 405-815 / 인천광역시 남동구 간석3동 919-4호
　　　　　전화 (032)463-8355(대표)
　　　　　팩스 (032)463-8339(전용)
　　　　　홈페이지 http://www.Jaryoweon.co.kr
　　　　　이메일 Jrw92@Jaryoweon.co.kr

- 출판 등록 │ 2002년 11월 20일 제353-2004-000011호
- 본문 기획·편집·디자인 │ 서동익
- 표지 디자인 │ 강영미
- 컴퓨터그래픽·일러스트레이팅 │ Photoshop & illustrating

ISBN 89 - 90469 - 14 - 7　　63710
ISBN 89 - 90469 - 13 - 9　　(전3권)

※잘못된 책은 바꾸어 드립니다.

〈166쪽 해답〉

⑧(내일) ➡ ②   ⑨(오후) ➡ ⑦   ⑩(자연) ➡ ⑤
⑪(대회) ➡ ③   ⑫(인물) ➡ ④   ⑬(행동) ➡ ⑧
⑭(장면) ➡ ①

〈167쪽 해답〉 ➡ 생략

〈172~175쪽 해답〉

다음 한자어의 독음을 쓰세요.
(1) 화초 (2) 안전 (3) 정오 (4) 왕실 (5) 남자
(6) 해상 (7) 수화 (8) 인물 (9) 중대 (10) 자문
(11) 시사 (12) 불편 (13) 민심 (14) 북도 (15) 공중
(16) 활기 (17) 청년 (18) 가장 (19) 유명 (20) 생명
(21) 농부 (22) 모녀 (23) 식수 (24) 매월 (25) 조부
(26) 선금 (27) 지면 (28) 추석 (29) 전력 (30) 평일
(31) 문자 (32) 후세

다음 한자의 훈과 음을 쓰세요.
(33) 일백 백   (34) 쉴 휴   (35) 사이 간
(36) 아우 제   (37) 안 내   (38) 바 소
(39) 발 족   (40) 곧을 직   (41) 내 천
(42) 올 래   (43) 겨울 동   (44) 설 립
(45) 앞 전   (46) 살 주   (47) 마을 촌
(48) 가르칠 교   (49) 움직일 동   (50) 기를 육
(51) 기록할 기
다음 한자어의 뜻을 쓰세요.
(52) 산에 오름   (53) 나감과 들어옴
다음 훈과 음에 맞는 한자를 보기에서 찾아 그 번호를
쓰세요.
(54) ⑧   (55) ④   (56) ①   (57) ⑥   (58) ⑨
(59) ②   (60) ⑤   (61) ⑩   (62) ⑦   (63) ③
다음 한자와 상대 또는 반대되는 한자를 보기에서 찾아
그 번호를 쓰세요.
(64) ⑤   (65) ②   (66) ③
다음 괄호 속에 알맞은 한자를 보기에서 찾아 그 번호를
쓰세요.
(67) ②   (68) ③   (69) ①

〈176~177쪽 해답〉

다음 한자말의 독음을 써 보세요.

(1) 선후   (2) 노인   (3) 효자   (4) 생식
(5) 모교   (6) 남해   (7) 지하   (8) 촌장
(9) 백만   (10) 천자문 (11) 남북   (12) 조국
(13) 모녀   (14) 부자   (15) 백방   (16) 후면
(17) 전면   (18) 등장   (19) 식목일 (20) 부녀
(21) 소학   (22) 일기   (23) 문물   (24) 문학
(25) 소유   (26) 수족   (27) 하수도 (28) 상수도
(29) 역도   (30) 좌우

다음 한자의 뜻과 음을 써 보세요.
(31) 빌 공, 하늘 공   (32) 심을 식   (33) 빛 색
(34) 곧을 직   (35) 갈 왕   (36) 땅 지
(37) 들 입   (38) 뒤 후   (39) 쉴 휴
(40) 바다 해   (41) 셈 산   (42) 숫자 수
(43) 지아비 부   (44) 설 입   (45) 대답 답
(46) 서녘 서   (47) 나라 국   (48) 학교 교
(49) 배울 학   (50) 한강 한   (51) 불 화
(52) 일천 천   (53) 집 실, 방 실   (54) 수풀 림
(55) 한국 한

〈178쪽 해답〉

다음 보기의 훈과 음에 맞는 한자를 골라 써 보세요.
(56) 南   (57) 東   (58) 山   (59) 五
(60) 金   (61) 口   (62) 孝   (63) 日
(64) 三   (65) 八   (66) 弟   (67) 土

〈179쪽 해답〉

(68) ①   (69) ①   (70) ①   (71) ①
(72) ②   (73) ⑤   (74) ③   (75) ①

〈180쪽 해답〉

(76) ③   (77) ④   (78) ⑦   (79) ⑩
(80) ②, ⑧ (81) ⑥   (82) ②   (83) ③
(84) ①   (85) ⑤   (86) ④

〈181쪽 해답〉

(87) ①   (88) ③   (89) ④   (90) ⑤
(91) ②   (92) ①   (93) ②   (94) ⑥
(95) ④   (96) ⑤   (97) ③